Daniel Cédric Aurélien Sok-Mbang

DE L'AMOUR POUR CONSTRUIRE L'HOMME

Daniel Cédric Aurélien Sok-Mbang

DE L'AMOUR POUR CONSTRUIRE L'HOMME

xxxxxxxxxx

Éditions Croix du Salut

Imprint
Any brand names and product names mentioned in this book are subject to trademark, brand or patent protection and are trademarks or registered trademarks of their respective holders. The use of brand names, product names, common names, trade names, product descriptions etc. even without a particular marking in this work is in no way to be construed to mean that such names may be regarded as unrestricted in respect of trademark and brand protection legislation and could thus be used by anyone.

Cover image: www.ingimage.com

Publisher:
Éditions Croix du Salut
is a trademark of
International Book Market Service Ltd., member of OmniScriptum Publishing Group
17 Meldrum Street, Beau Bassin 71504, Mauritius
Printed at: see last page
ISBN: 978-613-7-37389-7

« *Si tu diffères de moi, mon frère, loin de me léser, tu m'enrichis.* »

Antoine de Saint-Exupéry

A **BOUBA DAWAÏ Bertrand**, mon père,

Et à tous nos défunts,

Eux qui ont trouvé dans l'Amour, le repos éternel,

Que le souvenir, jamais ne disparaisse !

DE L'AMOUR POUR CONSTRUIRE L'HOMME

Introduction

Entre vouloir, désir et satisfaction de ses besoins personnels, l'homme aspire toujours à ce qui lui plaît, ce qu'il aime et ce qu'il veut réaliser.

En effet, ce qui motive toute son aspiration c'est l'amour. Cet amour qui va au-delà du simple sentiment pour se traduire dans le vécu concret à l'exemple de Dieu Lui-même qui a donné Son fils unique par amour, pour sauver le monde. Comme le jardinier use de patience entre le temps de préparation de la terre et la poussée des premières fleurs ; comme l'éleveur se montre patient face à son troupeau et comme les parents font preuve de patience entre la période de l'ovulation et la naissance du bébé, l'amour exige la patience qui nous fait supporter même l'insupportable.

Aimer c'est bien plus qu'un sentiment…oui ! C'est pardonner l'impardonnable, et être à mesure de supporter l'autre tel qu'il est, avec ce qu'il a de fort et de faible, de bon et de moins bon. Lorsque rien ne concorde avec ce à quoi nous nous attendions chez l'autre, lorsque tel ne répond ni à mes besoins ni à mes critères, lorsque l'autre n'est en aucun cas le genre de personne qui me corresponde, au nom de l'amour je suis appelé à l'accepter. Le véritable amour se vit, il ne se dit pas.

Dans l'amour que Dieu veut de nous, il y a celui de nos ennemis. Voilà pourquoi nous disons que l'amour est plus qu'un simple sentiment car Dieu Lui-même nous aime sans aucun mérite de notre part. Notre nature de pécheurs n'a pas empêché le Fils de Dieu de s'offrir en sacrifice pour nous sur la croix, en vue de notre élévation, de notre salut…, pour que nous grandissions par Lui, avec Lui et en Lui.

Et si au jardin des oliviers, le Fils de Dieu ne s'est pas laissé aller à ses émotions et à sa volonté propre, l'amour quelquefois, nous demande de ramer à contre-courant de nos sentiments : s'agit-il d'un frère au caractère difficile et qui nous exaspère, d'une personne qui se dresse contre nous en toute chose, qui sans cesse nous met les bâtons dans les roues pour tout ce que nous faisons, l'amour crie : « aime et pardonne ». Tel est le lien de la perfection qui nous amène à ressembler à l'Auteur même de l'amour, le Christ.

Pour aimer, il faut croire et espérer. C'est ce qui nous garde toujours dans la présence bienveillante et admirable de notre Seigneur Jésus-Christ. L'amour, ce n'est rien d'autre que Dieu en nous, qui veut se donner par nous et avec nous.

L'amour, au-delà du simple sentiment, est aussi loin d'être un simple mot. Il peut avoir toutes les couleurs qu'on voudra bien lui donner, mais on retient qu'il est porteur et significatif d'une mission principale : bâtir l'Homme, le relever lorsqu'il tombe, le soutenir quand il est faible, le rassurer même quand il se sent fort, l'orienter quand il se sent perdu, l'égayer quand il est triste, le secourir et le réconforter quand il se sent en danger… au-delà du simple mot, l'amour est la pierre d'angle qui soutient l'édifice humain.

L'Homme vient au monde par un geste d'amour, et s'en va, accompagné dans l'amour (que traduisent les pleurs, la douleur de sa famille et de son entourage et les souvenirs qui restent).

De l'amour, il en faut pour faire l'Homme dans une société où tout se confond dans l'irrespect même du programme et des lois naturelles. Oui ! Il faut de l'amour pour construire l'Homme aujourd'hui où il est plus facile de mourir que de vivre, de détruire que de construire, de déterrer plutôt que de planter, d'arracher au lieu de donner…

Il faut de l'amour, dans un univers où les hémisphères s'affrontent dans une inégale répartition des forces et énergies : où le Nord règne sur le Sud, s'attribuant le suprême privilège de légitimer les consciences et définir l'accès et les limites à l'humanité. Il faut de l'amour pour construire l'Homme à l'ère où la couleur de peau définit les frontières et assigne des rôles.

A contrepied des théories scientifiques, c'est l'amour qui crée le monde et tout ce qui vit. Il est plus qu'urgent de signifier à l'Homme d'aujourd'hui sa vocation sublime et le sens même de sa mission vis-à-vis de son *alter*. *Gaudium et spes* fait bien de le rappeler en ces termes : *« En réalité, le mystère de l'homme ne s'éclaire vraiment que dans le mystère du Verbe incarné. Adam, en effet, le premier homme, était la figure de celui qui devait venir, le Christ Seigneur. Nouvel Adam, le Christ, dans la révélation même du mystère du Père et de son amour, manifeste pleinement l'homme à lui-même et lui découvre la sublimité de sa vocation. »*[1]

---

[1] Constitution pastorale sur l'Eglise dans le monde de ce temps *Gaudium Et spes* n°22

C'est donc dans l'amour que l'Homme se découvre et se comprend pour mieux s'assumer.

Dans la question qu'il pose au Seigneur, le psalmiste nous ramène à notre humble dimension : « *qu'est-ce que l'homme pour que tu penses à lui, le fils d'un homme, que tu en prennes souci ?* » (Ps 8,5)

Dieu n'avait-il pas en vue des choses magnifiques et glorieuses pour l'homme et par l'homme ? Mais comment aurait-il pu les réaliser sans amour ? Quel sens véritable donner à ce mot ? Dans cette société malade de mille maux, comment redécouvrir à l'homme sa vocation à l'amour ?

I. L'HOMME DANS LE PROJET DE CREATION

« Dieu créa l'homme à son image, à l'image de Dieu il le créa » (Gn 1, 26-27)

Le verbe *créer* signifie « produire quelque chose », « faire surgir du nouveau », « agir de telle sorte qu'existe ce qui n'existait pas auparavant », « poser ou établir un être qui auparavant n'était pas ».

Par l'acte de création, le créateur fait sortir quelque chose de lui-même, une partie de son être ou de sa substance donne naissance à une réalité nouvelle. La théorie de l'émanation ou la procession (chez les panthéistes) par exemple présente l'idée selon laquelle le monde est d'essence divine, qu'il est le corps de Dieu ; on pourrait encore laisser jaillir l'idée du Dieu qui produit le monde comme une fleur produit un parfum, comme un pommier produit des pommes ou comme nous-même produisons nos pensées : elles sont et demeurent nôtres. Ce qui émane a la même substance que ce dont il émane.

Il en va de même de la doctrine de la trinité qui affirme que le Saint-Esprit procède du Père et du Fils. Il en dépend donc, il en sort, mais il n'est pas une créature. Si par le processus de la transformation une réalité existante peut produire du nouveau en changeant quelque chose ou en modifiant des éléments donnés, ou encore en les combinant différemment, on dira que Dieu est au sens strict, l'unique qui crée. L'homme ne crée pas, il ne fait que transformer. Ainsi, l'homme ne crée pas le monde, il le transforme.

Cet homme crée par Dieu, a le pouvoir de médiation, du moins au niveau de la connaissance. C'est ce à quoi pense Adolphe GESCHE lorsqu'il dit que : « *la première et la plus importante de ces médiations est bien l'homme, image et ressemblance de Dieu par excellence* »[2].

Ce pouvoir de médiation confère à l'homme *imago Dei*, une place unique dans la création car il est celui qui réalise l'unité des deux mondes spirituel et matériel. Dieu l'ayant créé et fait médiateur, l'a établi ainsi dans son amitié. Et cette amitié est portée à son niveau le plus élevé par Jésus-Christ qui est comme l'affirmait le Pape François: « *le "concentré" de tout l'amour de Dieu dans un être humain* »[3]

---

[2] **Adolphe GESCHE**, « *Le discours théologique sur l'homme* », in *Nouvelle Revue Théologique*, n°9, 1975, p.802.

[3] **Homélie du Pape François** pour les 1ères vêpres de la Mère de Dieu, 31 décembre 2018, *La Croix*, consultée le 02/01/2019 à 12:47 (www.la-croix.com)

Cette affirmation vient à juste titre nous rappeler que c'est l'amour qui donne la plénitude à toute chose, au temps y compris. Chaque homme sent en lui le besoin de quelque chose qui donne du sens à l'écoulement du temps.

La lecture des épitres pauliniennes nous fait découvrir explicitement pourquoi le Fils de Dieu est né dans le temps et en quoi consistait réellement la mission que le Père lui a confiée. Il aura fallu un peu plus de trente ans au Fils du Père pour déployer une force inouïe, qui, encore aujourd'hui marque toute l'histoire : la force de l'Amour.

Notre monde a plus que jamais besoin de cet Amour quand on sait que beaucoup d'hommes et de femmes ont connu et continuent de connaitre des conditions de servitude et de dégradation à tous les niveaux. Et si Jésus a voulu naître ainsi, c'est pour témoigner l'amour de Dieu pour les petits et les pauvres, et, de cette manière, jeter dans le monde la semence du Royaume de Dieu, Royaume de justice, d'amour et de paix, où personne n'est esclave, mais où tous nous sommes frères et sœurs, fils et filles de l'unique Père.

Le *Catéchisme de l'Eglise Catholique* nous livre une réponse à la question que posait le psalmiste. En effet, *L'homme tient une place unique dans la création : il est " à l'image de Dieu "; dans sa propre nature il unit le monde spirituel et le monde matériel* (*C.E.C.*, n° 355).

L'homme est la seule œuvre visible qui a la capacité de connaître et d'aimer son Créateur. Il est *la seule créature sur terre que Dieu a voulue pour elle-même* (*GS* 24, § 3), lui seul est appelé à partager, par la connaissance et l'amour, la vie de Dieu. C'est à cette fin qu'il a été créé, et c'est de là que lui vient toute sa dignité. C'est à cette vision que Catherine de Sienne veut nous introduire quand elle écrit : « *Quelle raison T'a fait constituer l'homme en si grande dignité ? L'amour inestimable par lequel Tu as regardé en Toi-même Ta créature, et Tu T'es épris d'elle ; car c'est par amour que Tu l'as créée, c'est par amour que Tu lui as donné un être capable de goûter Ton Bien éternel* »[4]

Lorsque Dieu entreprend de créer l'homme à son image et à sa ressemblance, c'est dire qu'il fait l'homme miséricordieux comme Lui Dieu est miséricordieux.

Nous sommes membres d'une humanité qui est capable du meilleur comme du pire. Comment comprendre cette danse à deux temps ?

« Dieu a créé l'homme à son image et l'homme la lui a bien rendue. » Cette blague simpliste montre toute la difficulté que présente l'affirmation que l'homme (au sens générique) est image de Dieu.

---

[4] **Sainte Catherine de Sienne,** *Dialogue 4, 13,* éd. G. Cavallini Rome 1995 p. 43

Les débats théologiques aussi anciens que récents à ce sujet, semblent se heurter sur les récifs de mille qualifications et distinctions, y compris dans leurs tentatives les plus rigoureuses.

Une vieille définition nous dit que « *L'essence de la nature humaine est d'être créée à l'image de Dieu* ». En théologie chrétienne, toutes tendances confondues, on est passé d'une définition de l'homme s'appuyant sur une certaine ontologie à une approche simplement fonctionnelle de l'image.

Nulle part dans la Bible il nous est proposé une définition de l'image de Dieu. Ce fait même peut nous conduire à faire preuve de réserve face aux définitions trop massives, qui ont été acceptées dans le passé comme des évidences dans des systèmes théologiques carrés.

Dès son premier chapitre, l'Ecriture dit que l'homme est créé à l'image de Dieu. Cette affirmation, replacée dans son contexte historique et culturel, est assez étonnante.

Quel en est le sens ? Il s'agit évidemment d'un usage *métaphorique*, car l'homme n'est pas semblable à une reproduction de Dieu de taille inférieure, comme celle de César sur la monnaie romaine.

Une interprétation possible serait que l'homme est le reflet de Dieu ou une représentation substantielle de ses qualités. Mais cela ne permettrait pas, de prime abord, d'expliquer comment *la corporalité* de l'homme peut être qualifiée de ressemblance de Dieu. Une autre interprétation propose que l'image n'est pas un *duplicata*, mais une correspondance de la réalité divine sur le plan du créé. Une troisième version – il y en a d'autres – serait de dire que l'image est une représentation visible d'une réalité invisible. Dans le Moyen-Orient ancien, les statues étaient des représentations de la puissance du suzerain. Ainsi, comme image de Dieu, l'homme serait investi d'une fonction de représentation dans la création en accomplissant ses fonctions (prophète, prêtre et roi). Ici, l'accent est mis sur *la vocation* que l'homme a reçue. L'image de Dieu embrasse tout ce qui est humain et se manifeste dans la vocation de l'être humain.

1. L'Homme, une vocation à la liberté

Dans l'Ancien Testament, c'est Dieu qui éduque l'homme pécheur en lui rappelant ce qu'il doit faire et ce qu'il doit éviter s'il veut retrouver sa vocation originelle. Dieu lui révèle les lois qui vont régir sa conduite : les dix commandements. Si la révélation est surnaturelle, le contenu quant-à-lui reste naturel à l'homme. C'est un guide de la vocation de tout homme afin qu'il retrouve l'unité de son être, perdue par sa désobéissance. L'homme connait une tension perpétuelle entre ses aspirations propres et ce que Dieu veut pour lui. L'homme est invité sans cesse à se transfigurer, à dépasser son péché. Il lui faut passer du « je veux faire (ou pas) quelque chose pour Dieu » au « Seigneur que veux-tu que je fasse pour toi ? »

L'homme est créé libre par Dieu. Mais qu'est la liberté ? D'un point de vue négatif, elle n'est pas esclavage qui est absence de mouvements, de pensées, de paroles, de sens, et même de choix.

Si nous sommes interdits de sortir de chez nous, si nous ne pouvons pas exprimer nos convictions, s'il nous est retiré le droit d'exercer un métier pour lequel nous sommes qualifiés à cause de notre religion, de nos divergences politiques, de notre couleur de peau ou de notre nationalité, alors nous ne pouvons pas nous considérés comme étant libres.

La liberté, prise positivement, est la possibilité qu'a une personne d'organiser et de mener sa vie en tenant compte du milieu et du contexte qui l'entoure, et en exerçant sa propre faculté de jugement. Il serait absurde de considérer, par exemple, qu'un être humain est vraiment libre s'il peut voler dans les airs, ou qu'il n'est libre qu'à la condition de pouvoir soumettre son entourage à sa propre volonté. La liberté n'est ni absence de limites, ni absence de contraintes. Elle est ce pouvoir qu'on exerce sur soi-même.

Ainsi on dira d'une personne qu'elle est libre non parce qu'elle a réussi à échapper à la mort, mais parce qu'elle est parvenue à vivre avant de mourir.

Nos sociétés ont érigé de nombreuses lois visant à préserver les libertés dites fondamentales : interdiction de l'emprisonnement d'une personne qui n'est pas en mesure d'exécuter une obligation contractuelle, liberté de circulation, liberté d'enseignement, droit de vote et d'être élu... à quoi s'ajoute la liberté de culte et la manifestation des opinions religieuses pourvu que cela ne trouble par l'ordre public. C'est ce que dit ce précepte et proverbe : « *La liberté des uns s'arrête là où commence celle des autres* »

Tout en mettant en garde contre tout abus de pouvoir cela indique que la limite de la liberté est le respect de la liberté elle-même. Il n'y a pas une liberté qui vaudrait pour quelques-uns seulement. Nous sommes tous appelés à la liberté. Celle-ci ne consiste pas à corrompre les penchants naturels de chacun ni à motiver toutes les idées qui nous traversent l'esprit. Nos pensées ou notre agir ne servent pas forcément notre liberté ni celle des autres. Nous pouvons avoir des pensées morbides qui feront de notre vie quotidienne une peau de chagrin. La liberté n'est liberté qu'à condition d'altérité, elle a besoin d'un « Tu » face au « Je » que je suis moi-même. La liberté n'est pas une approbation forcée de ce que l'on envisage faire, mais un assentiment aux capacités à égayer l'existence à la lumière de l'Évangile.

La liberté a parfois besoin de contraintes qui, à première vue, nous sembleraient contraires à la liberté. La deuxième lettre aux Corinthiens à ce sujet nous livre bien l'expérience qui est celle de l'apôtre Paul[5].

La liberté a besoin d'être confronter à l'altérité, de vivre la nouveauté, et de connaitre l'étrangeté, sans quoi la vie sera condamnée à n'être rien d'autre que ce qu'elle est déjà. Or vivre la communion en Dieu c'est, au sens de l'Apocalypse faire toutes choses nouvelles[6], plutôt qu'à s'enfermer dans un cycle de répétition interminable.

La vie en Dieu consiste à augmenter les degrés de liberté, les capacités de créativité et cela requière l'altérité qui nous garde de tout conformisme, du toujours pareil, qui stérilise notre personnalité en l'assimilant au reste du monde.

Ce n'est ni l'absence de différence, ni la fin des tensions qui sauvent le monde. Ce qui sauve le monde, c'est le caractère singulier de ce qui n'appartient qu'à nous, ce que personne d'autre que nous ne pourra offrir à l'histoire. Cette singularité est appelée à s'enraciner dans le monde des idées, dans le registre des pratiques, dans le domaine des organisations.

Les communautés humaines qui s'en sortent le mieux sont celles qui favorisent la liberté individuelle, qui ne freinent pas les expériences, qui n'appliquent pas un principe de précaution qui rend stérile toute recherche, mais qui font preuve de responsabilité.

Les communautés dans lesquelles les hommes s'en sortent le mieux sont des communautés au sein desquelles sont favorisées les libertés d'expression (et donc, le retour d'expérience), l'usage de la critique pour améliorer tout ce qui peut l'être.

L'Homme, créé à l'image et à la ressemblance de Dieu, est appelé à la liberté pour sa satisfaction personnelle et pour une plus grande qualité de vie avec les autres.

2. L'Homme social

Comme le pensait Aristote, nous sommes faits pour une vie sociale et en tant qu'individu, nous sommes un écosystème intégré dans un écosystème plus large. Cela suppose de nombreux échanges entre les différents éléments du système mais aussi, groupé

---

[5] Cf. 2Co 12.

[6] « *Voici que je fais toutes choses nouvelles* », (Ap 21,05), *La Bible Traduction Oeucuménique*, édition intégrale, Les éditions du CERF, Paris, 1988.

avec les autres, en tant que système. Comme des poupées russes ou des oignons, les systèmes s'emboîtent les uns l'intérieur des autres.

L'homme, pour se connaître, construire sa vie, acquérir son identité, son autonomie, a besoin des autres. C'est son humanité qui le distingue de l'animal, et est le fruit de son contact avec d'autres êtres humains.

L'homme, cet être pensant et relationnel n'existe que parce qu'il communique et apprivoise des règles sociales. C'est dans la vie en société qu'il se construit et cette société prend possession du corps de l'homme, sous forme d'habitudes, de comportements, de manières de penser, de sentir et d'agir.

La société est extérieure à l'individu et l'oblige, mais elle est aussi incorporée. L'homme est un être de discours et de langage, indispensables à la construction de sa relation avec ses semblables. Coupé de ses semblables, il risque de perdre jusqu'à l'usage de la parole.

Cette dimension sociale de l'homme est bien rappelée par le Catéchisme de l'Eglise Catholique en ces termes : « *La vocation de l'humanité est de manifester l'image de Dieu et d'être transformée à l'image du Fils Unique du Père. Cette vocation revêt une forme personnelle, puisque chacun est appelé à entrer dans la béatitude divine ; elle concerne aussi l'ensemble de la communauté humaine.* »[7]

Plusieurs sphères légitiment l'être en société de l'Homme. En effet, d'un point de vue anthropologique, sa venue au monde survient de manière prématurée, le condamnant nécessairement à un manque à être qui constitue une domination de nature ontologique puisque aucun individu ne peut y échapper. Pour autant, il conditionne aussi le désir (puisque ce dernier implique un manque) ainsi que la négativité, c'est-à-dire la capacité de nier l'existant et le donné.

Selon Blaise Pascal, l'individu est contraint de passer par le divertissement pour se détourner du vide qui le traverse : « *Rien n'est ni insupportable à l'homme que d'être dans un plein repos, sans passions, sans affaires, sans divertissement, sans application. Il sent alors son néant, son abandon, son insuffisance, sa dépendance, son impuissance, son vide.* »[8]

Telle est la première affirmation que nous pouvons avancer concernant la dimension réelle de l'identité personnelle, à savoir que l'individu se définit avant tout par une béance, un *manque à être* qui fait de lui cet animal social, amené à trouver dans la société et ses institutions la raison d'être qui lui manque *a priori* : « *il est un être sans raison d'être, habité*

[7] *C.E.C.*, n° 1877.
[8] **B. Pascal**, « Pensées » - fragment 622 - in *Œuvres complètes*, Paris, Editions du Seuil, 1963, p. 586.

par le besoin de justification, de légitimation, de reconnaissance. Or, comme Pascal le suggère, dans cette recherche de justifications d'exister, ce qu'il appelle le monde, ou la société, est la seule instance capable de concurrencer le recours à Dieu. »[9]

Émile Durkheim abonde dans le même sens quand il affirme que : l'individu *« à lui seul, n'est pas une fin suffisante pour son activité. Il est trop peu de chose* » car limité dans le cadre spatio-temporaire. « *Quand donc nous n'avons pas d'autre objectif que nous-mêmes, nous ne pouvons pas échapper à cette idée que nos efforts sont finalement destinés à se perdre dans le néant, puisque nous devons y rentrer.* »[10]

La conséquence de cette perception anthropologique nous conduit au second point de vue qui est socio-historique: advenant prématurément et se définissant par un manque à être constitutif, l'Homme « *ne peut donc s'accomplir de par sa propre nature, il doit en sortir pour se réaliser. En tant qu'être inachevé, il dépend d'un autre être susceptible de remédier à cet inachèvement.* »[11]

En effet, loin d'être réduits à une simple fonction de reconnaissance, les rapports sociaux constituent le palier socio-historique de l'identité personnelle. Ceci signifie que tout Homme n'accède à l'humanité qu'en s'insérant dans l'activité transformatrice des rapports sociaux, au double sens de l'activité des rapports sociaux qui transforme l'individu et de l'activité par laquelle l'individu lui-même transforme ces rapports en retour.

La dimension socio-historique détermine de façon synchronique et dachronique l'identité personnelle dans le sens où l'individu s'inscrit dans des situations de classe, de genre, de génération et de cultures déterminées. C'est ainsi que : « *l'histoire d'un individu pris à part ne peut en aucun cas être isolée de l'histoire des individus qui l'ont précédé ou sont ses contemporains : son histoire est au contraire déterminée par la leur.* »[12]

Ces déterminations synchroniques et diachroniques structurent l'identité personnelle sous la forme d'un *espace des possibles identitaires*, lequel est donc à la fois un espace de contraintes et d'inhibitions d'un côté et un espace d'opportunités et de ressources de l'autre.

« *Les portes de l'ascension sociale sont relativement ouvertes pour certaines générations à certaines périodes et dans d'autres phases, quels que soient les mérites personnels, elles sont largement et globalement fermées.* »[13]

---

[9] **P. Bourdieu**, *Méditations pascaliennes*, Paris, Éditions du Seuil, 1997, p. 282.
[10] **E. Durkheim**, *Le Suicide*, Paris, PUF, 1999 (1930), p. 224.
[11] **D-R. Dufour**, *L'art de réduire les têtes. Sur la nouvelle servitude de l'homme libéré à l'ère du capitalisme total*, Paris, Editions Denoël, 2003, p. 230.
[12] **K. Marx** et **F. Engels**, *L'idéologie allemande*, Paris, Editions sociales, 1968, p 481.
[13] **D. Martuccelli**, *Forgé par l'épreuve. L'individu dans la France contemporaine*, Paris, Armand Colin, 2006, p. 112.

Si nous nous intéressons aux récits identitaires d'individus eux aussi issus du monde ouvrier mais inscrits dans un *ensemble générationnel*[14] ultérieur, nous pouvons évoquer combien leur expérience socio-historique de la rupture du compromis fordiste, celle du primat de l'économie virtuelle sur l'économie réelle, de la chute du mur de Berlin, du passage de la Chine à une économie de marché ou encore de la crise du syndicalisme conditionnent différemment leurs structures identitaires. Ces expériences socio-historiques provoquent en effet une défaillance de la figure de l'Autre, du prolétariat, sans pour autant les convaincre du bien-fondé du discours identitaire volontariste.

Cette étape est le fruit de l'indispensable processus d'individuation par lequel la personne s'humanise. En effet, l'Homme est un être plus que déterminé synchroniquement et diachroniquement. Ainsi, il n'est pas uniquement déterminé par une position sociale mais par l'ensemble des positions sociales qu'il a occupées simultanément et successivement ; de même, il n'est pas uniquement déterminé par une disposition sociale (son origine sociale par exemple) mais par une multitude de dispositions sociales (ses acquis culturels et sociaux, ses croyances religieuses, politiques, etc.)

Et c'est par cette plus que détermination que l'Homme se singularise, s'individualise, fait appel à la réflexivité et se construit une indéniable marge d'autonomie. La personne est un « *homme pluriel* » qui s'individualise et se construit une trajectoire biographique proprement individuelle de par la multiplicité, l'hétérogénéité et la conflictualité des rapports sociaux qui le constituent.

Le niveau individuel de l'identité de la personne tien de la rencontre, joyeuse ou malheureuse, entre une pluralité de nécessités structurales et une contingence historique. En d'autres termes, l'espace des possibles identitaires d'un individu est riche en potentialités que la contingence individuelle active ou laisse à l'état de potentialités. L'univers des possibles en termes d'identités propre à l'Homme offre quelques opportunités, « *un faisceau de trajectoires à peu près équiprobables conduisant à des positions à peu près équivalentes* » dit Pierre Bourdieu, ajoutant que « *le passage d'une trajectoire à une autre dépend souvent d'événements collectifs- guerres, crises, etc.- ou individuels- rencontres, liaisons, protections, etc.- que l'on décrit communément comme des hasards (heureux ou malheureux).* »[15]

---

[14] Cf. **K. Mannheim**, *Le problème des générations*, Paris, Editions Nathan, 1990.

[15] **P. Bourdieu**, *La distinction. Critique sociale du jugement*, Paris, Les Éditions de Minuit, 1979, p. 122.

II. LA COMMUNAUTE QUI FAIT GRANDIR L'HOMME

L'homme est essentiellement fait pour vivre en société, et plus précisément en communauté. Il n'a pas vocation à être isolé, à vivre seul, sans interaction aucune avec ses semblables.

La communauté est indispensable à l'homme. En son sein, ce dernier jouit des bienfaits qu'elle procure, et est aussi inviter à apporter sa contribution en retour. Elle apporte la protection à l'homme, l'aide à grandir et à évoluer, à acquérir et développer le sens des responsabilités.

C'est dans la communauté que l'homme développe sa réflexion et acquière son autonomie. Aussi, il apprend que la communauté est plus forte quand chacun de ses membres se sent responsable de son existence, ce qui suscite en lui le sens de l'appartenance car, au sens de Jean Vanier : « *La personne humaine ne peut vivre comme une île déserte ; elle a besoin de compagnons, d'amis qui participent à une même vision, un même idéal, avec qui elle puisse partager.* »[16]

1. Les raisons d'être de la communauté

Existe-t-il une communauté humaine sans projet ? Vivre ensemble nécessite de spécifier, les buts, de clarifier les raisons d'être ensemble, de respecter un certain protocole qui garantirait une certaine sécurité, évitant ainsi les conflits qui pourraient être à la base de tout écroulement. La communauté, même si elle procure à l'Homme le sentiment d'exister, n'est pas à l'abri des tensions. Ces dernières naissent généralement de l'absence de communication : les personnes ont des attentes très différentes et ne savent pas toujours les verbaliser.

Il ne s'agit pas seulement d'un simple enthousiasme de vouloir vivre avec les autres ; pour que cela s'inscrive dans la durée, il faut déjà que chacun sache ce qu'il veut faire avec l'autre, ce qu'il veut être avec l'autre. La communauté des Hommes se comprend alors avec sa charte, son projet de vie.

Et Bruno Bettelheim affirmait être convaincu que la vie d'une communauté n'est florissante qu'à condition qu'elle existe pour un but extérieur à elle-même. Elle ne devient

---

[16] **J. Vanier**, *La communauté lieu du pardon et de la fête*, Editions Fleurus, Paris, 1979, pp. 1-2

possible que comme conséquence d'un engagement profond vers une autre réalité bien plus que celle même d'être une communauté.

Une communauté créative et authentique dans sa quête de l'essentiel produit des hommes et des femmes capables de dépassement et d'unité. *A contrario*, une communauté indifférente par rapport à son but initial, corrompue dès ses origines, n'engendre qu'effritements et tensions et on passe facilement à côté de l'essentiel.

Le rayonnement et l'unité de la communauté découlent du sentiment d'urgence présent en chacun de ses membres.

Notre monde est malade d'espérance !trop de cris tombés dans l'oubli, et la solitude a conquis les terres et les cœurs.

Une communauté n'est communauté réellement humaine à partir du moment où les membres qui la composent arrivent à la conscience d'exister non pas uniquement pour eux, mais d'exister avec les autres.

A chacun, Dieu fait des dons, et si une communauté d'hommes pense être digne d'accueillir le don de Dieu, que cela soit dans le but de désaltérer les cœurs desséchés. Ainsi, une communauté humaine n'est communauté que quand elle sait être lumière dans les ténèbres, et quand elle sait être source de relèvement pour l'Homme. Il n'y a donc pas de place pour l'indifférence, l'insouciance, la tiédeur dans la communauté des Hommes.

Au sein de la communauté, il nous faut arriver à opérer un décentrement individuel. Ainsi, il nous faut passer de « la communauté pour moi » à « moi pour la communauté ».

Sans exclure personne pour quelques raisons, le cœur de chacun s'ouvre alors à chaque membre de la communauté. On passe de l'égoïsme à l'amour, on se libère intérieurement.

Vivre avec les autres ne se limite pas à une simple cohabitation. C'est, plus qu'un appel, un engagement à vivre à la lumière de l'amour véritable, à se décentrer de soi-même pour atteindre l'autre dans la communion. Et la lettre aux Philippiens nous l'apprend bien en ces termes : « *Ne soyez jamais intrigants ni vaniteux, mais ayez assez d'humilité pour estimer les autres supérieurs à vous-mêmes. Que chacun de vous ne soit pas préoccupé de ses propres intérêts ; pensez aussi à ceux des autres.* » (Philippiens 2, 3-4)

Par ces paroles, saint Paul nous fait prendre conscience du fait que l'amour qui motive notre vie avec les autres, n'est pas seulement une affaire de sentiment ou d'émotion transitoire : il s'agit d'une attention sincère des uns vis-à-vis des autres, d'un engagement, d'une reconnaissance mutuelle. Nous sommes humains en communauté si nous savons prendre le temps de nous écouter, nous mettre à la place de l'autre, le comprendre et nous sentir interpellé par lui.

L'accès à l'humanité passe aussi par la réponse sincère à l'appel de l'autre, à la reconnaissance de ses besoins, des plus élémentaires aux plus complexes. C'est également partager ses joies et ses peines.

Illusion que de croire que cela est donné une fois pour toute ! La société humaine n'est jamais achevée. Et même si au sens de Denys l'Aréopagite « *l'amour est une puissance unificatrice* », la communauté des Hommes animée par cet amour doit tendre sans cesse vers les mêmes réalités, espérer et vouloir les mêmes choses, partager la même vision, le même idéal. Elle doit être à même de promouvoir la réalisation de chacun de ses membres, individuellement et aussi collectivement.

Le sentiment d'appartenance partagé par chacun des membres, le désir d'accomplissement ne seront pleinement vécus que si l'on comprend l'amour à la manière de saint Paul. Pour l'apôtre, « *L'amour est patient, il est plein de bonté; l'amour n'est pas envieux; l'amour ne se vante pas, il ne s'enfle pas d'orgueil, il ne fait rien de malhonnête, il ne cherche pas son intérêt, il ne s'irrite pas, il ne soupçonne pas le mal, il ne se réjouit pas de l'injustice, mais il se réjouit de la vérité; il pardonne tout, il croit tout, il espère tout, il supporte tout.* » (1 Corinthiens 13, 4-7)

La communauté ne commence à exister qu'à partir du moment où chacun consent à accueillir et à aimer les autres comme ils sont. Il n'y a pas de communautés humaines sans libertés, et il n'y a pas de libertés sans reconnaissance acceptation de soi-même.

2. Pour une révolution de la personne

Chaque Homme aspire à savoir qui il est. Ceci apparaît comme une condition essentielle pour une existence pleine de sens et cohérente. La méconnaissance de soi expose l'individu à l'égarement, à l'incapacité d'entreprendre des projets ou de tenir des discours dans lesquels il ne saurait se reconnaître. Ne pas se connaître ou se faire des illusions sur soi conduit inévitablement à l'échec.

Il n'y a société qu'entre membres distincts. Les deux hérésies de toute société possible sont la confusion et la séparation. L'homme qui s'évade de la matière rejoint l'homme qui s'y perd. Ainsi dans la société que les hommes font entre eux, chacun croît verticalement, vers sa liberté, sa personnalité, sa maîtrise; mais il est appelé aussi à un échange horizontal de dévouements.

L'histoire semble avoir voulu dissocier la découverte de cette double vocation. Après deux tentatives pour les harmoniser, l'antique et la chrétienne, un premier humanisme abstrait s'est constitué à partir de la Renaissance, dominé par la mystique de la personne; un second humanisme tout aussi abstrait et non moins inhumain se constitue, dominé par la mystique du collectif. La lutte géante qui se livre sous nos yeux n'est pas autour de quelques paix ou de quelques aménagements de bien-être. Elle affronte la première Renaissance, qui s'écroule, et la seconde, qui se prépare.

Le tragique du combat, c'est que l'homme est dans les deux camps, et que si l'un efface l'autre, il perd une moitié inaliénable de lui-même. Il faut situer l'individualisme dans toute son ampleur. Il n'est pas seulement une morale. Il est la métaphysique de la solitude intégrale, la seule qui nous reste quand nous avons perdu la vérité, le monde et la communauté des hommes.

En face de la vérité: la personne seule ne pense pas avec les autres, dans des formes et sous une lumière commune, mais elle agit séparément, dans les ébranlements de l'émotion et des notes concrètes qui font la connaissance unique et incommunicable.

Face au monde: la personne seule s'enferme dans la volubilité de ses sensations ou dans l'aventure immanente de sa raison.

Face aux hommes, il y a le sujet unique, et sa liberté souveraine. Le monde moderne l'a presque déifié, libre de toutes attaches et vivant du précieux déroulement de sa spontanéité. Il s'est projeté dans la bonté, la communion, le don sous l'image grossièrement spatiale de l'extériorité et s'est persuadé, en rejoignant son égoïsme foncier par une habile délicatesse morale, que tout rapport avec l'autre est une effroyable contrainte.

Au pays des penseurs et spécialistes des questions de la morale, on souhaite la personne si légère et replier sur elle-même à tel point que ses propres décisions l'importunent. Elle sent peser même son poids, sa volonté lui est à charge et avec elle toute fidélité qui a une épaisseur de temps: l'apologie de l'acte gratuit rompt cette dernière chaîne qui le retenait en conversation, dans le choix avec lui-même et recréait la société au sein de la solitude.

Les égoïsmes subtils pourront plaider subtilement: il ne reste plus de valeur à ce point de refus, que l'affirmation brutale de soi; affirmation de conquête, puisque ce cœur de l'homme, en perdant le goût d'accueillir, a perdu le désir de donner.

L'homme moyen d'Occident mais aussi d'Afrique est le produit fini de l'individualisme renaissant. Le premier l'est depuis un peu plus de quatre siècles, et le second l'a rejoint un peu plus récemment. Tous, autour d'une métaphysique, d'une morale, d'une pratique de la revendication.

La personne, ce n'est plus un service dans un ensemble, un centre de fécondité et de don, mais un foyer de hargne.

On parle d'humanisme. Cet humanisme plaintif n'est que le voile civilisé de l'instinct de puissance, le produit peu parfait qu'il pouvait donner en pays tempéré contrôlé par la pensée analytique et le système juridique romain.

Cependant, ne tenons pour responsables ni la pensée analytique, qui n'était pas destinée à l'atomisme, ni la notion de droit, beaucoup moins sommaire et unilatérale que celle de revendication. Mais leur déviation immédiate par l'instinct les poussait à cette pente du jour où elles perdaient, avec leur pureté, le contrôle.

Il y a une volonté manifeste de faire exister l'individualisme dont le langage sublimé en termes de liberté, d'autonomie et de tolérance, a couvert le règne brutal des concurrences et des coups de force.

L'instinct sous-jacent s'est couvert de toutes les dignités de la personne: la prudence sur l'avarice, l'indépendance sur l'égoïsme, la maîtrise de l'action sur de petits sentiments de propriétaire. Nous avons si durement tracé, aujourd'hui, autour de notre sens propre, cette ligne de défense et de susceptibilité, nous l'avons si bien consolidée, sensibilisée par tout un hérissement d'intérêts et d'émotions, nous avons si bien pris tout cela pour vertu, qu'il ne faudra pas moins d'une manière de révélation nouvelle pour faire sauter le cercle: cet étonnement devant notre vie propre, qui sait qui nous l'apportera un jour ?

Ce n'est pas seulement des individus rebelles qu'il devra briser. Car ils ont démarqué, vidé et encerclé toute réalité collective à leur image. L'univers humain, sous leur effort anarchique, s'est détendu en une poussière de mondes clos : professions, classes, nations, intérêts économiques. Les frontières n'y introduisent même plus de contacts; toutes leurs forces repliées sur elles-mêmes, des infinis les séparent. Aussi nous dupe-t-on sur la valeur d'humanité de ces magmas sociaux.

Ils ne haussent pas l'individu au-dessus de lui-même, ils le verrouillent dans un autre lui-même, plus impitoyable, grisé par la conscience du nombre et les amplifications de la mythologie collective. Ils ne désarment pas l'égoïsme, ils le consolident dans sa suffisance en l'auréolant d'une aube sacrée, comme si le juste et l'injuste changeaient avec l'échelle.

Telles sont les sociétés créées par le libéralisme, et par les seules authentiques puissances qu'il ait libérées. Tout le reste est construction de juristes débonnaires, débordés par les forces qu'ils ne veulent pas reconnaître. Ils croient avoir trouvé une soudure, entre ces êtres démembrés, dans l'échange de leurs volontés libres. Depuis des siècles, nous assistons en Afrique, à une course après la réalité sous le patronage du législateur historique avec ses petits contrats passe-partout qu'il juge nécessaire et suffisant pour établir un droit. Nécessaire, suffisant, quelle sécurité bien bouclée, quelle harmonie rassurante !

Comment pouvoir démontrer à ce sans-travail marginalisé que c'est par libre contrat de travail qu'il s'est chargé de nourrir avec son insignifiant revenu par jour la petite famille qu'un heureux sort lui a donnée ?

Comment dire à ce soldat Camerounais que c'est par libre contrat de sociabilité qu'il accepte de casser du Boko-Haram ?

Comment dire à ces prisonniers que leurs chaînes sont la plus étonnante création de leur liberté ?

Ces libertés aujourd'hui plus qu'hier ont besoin de s'équilibrer, mais où est la balance ? Où est-il passé le débat entre le législateur usurier et le peuple aux abois, entre le vainqueur et le vaincu?

L'univers se complait dans la déplorable attitude du « laissez faire, laissez passer », la loi du plus fort. Dans un système sans âme ni contrôle, la liberté c'est le vol. La justice elle-même, dans toute son organisation n'est que pure et simple utopie, et si l'on est sincère, c'est alors qu'on est dans l'utopie de croire que, laissés à eux-mêmes, les hommes n'organisent pas spontanément le carnage.

Si l'on ne veut aucune contrainte, il faut y aller jusqu'au bout ! Ainsi donc, pourquoi obéir au policier ou au gendarme, à la volonté d'hier, la parole donnée, si la liberté d'aujourd'hui s'insurge contre les engagements ?

Si la communauté des hommes a inventé les légistes, il ne faut pas oublier aussi qu'il y a eu saint Louis roi de France, qui restituait à qui de droit les biens mal acquis. Pour nous sauver (Afrique comme Occident), refusons les péchés qui nous accablent. De manière décidée, rompons avec le formalisme: la liberté ne fait pas la justice, elle la sert.

La grandeur des collectivismes se voit à la lutte qu'ils mènent pour retrouver l'universalité perdue. Comte, Durkheim, tentatives essoufflées qui n'entraînent pas la machine. On cherche l'union autour d'idéaux formels, projetés de l'École dans la vie.

Plus organique est l'œuvre qui s'est insinuée dans les mœurs, par la coopération et l'association. Construite à l'échelle des heures et des hommes, elle maintient encore, chez Fourier, Proudhon et même Saint-Simon le souci d'appeler la personne à l'édification du lien collectif, et de lui sauvegarder sa vie propre dans la cité nouvelle.

Karl Marx devait briser les derniers attachements qui l'inclinaient sur elle-même, pour la dissoudre dans la réalité sociale. C'est une courbure qui disparaît de l'univers dans cette grande nappe indifférenciée de la classe, dont chaque membre est une pièce voyageuse et interchangeable au dévouement du bloc.

L'abandon n'élève point l'homme s'il ne mord en son cœur. Si l'on retire la peur, la vulgarité, les intérêts d'argent, la haine de classe, les mille petites nonchalances, prévarications et non inquiétude de l'individu qui se truffent, on peut alors mesurer ce qui reste d'indignation pure.

Vouloir comprendre, et vouloir se placer en un centre d'opposition qui n'a pas de rapport avec les égoïsmes menacés, et vouloir secouer aussi durement les égoïsmes en face, implique une préparation aux obstacles car en le faisant, on dérange, mais il faudra bien, si l'on veut rendre justice à tout ce qui est humain et triompher de l'inhumain, rejoindre ces centres où l'intérêt ne parle plus.

Il faut défendre et sauver la personne. Mais, en combattant pour la personne, il faut se refuser à combattre pour cette réalité agressive et avare qui se retranche derrière elle. La personne n'est pas un tissu de revendications tournées vers le dedans à l'intérieur d'une frontière arbitraire.

Elle (la personne), est réductrice des influences, mais aussi grandement ouverte à elles. C'est une force dirigée d'attente et d'accueil, capable de création et de maîtrise, mais elle l'est au sein d'une communion humaine où toute création est un rayonnement et toute maîtrise un service.

La personne est également une liberté d'entreprise, c'est-à-dire un foyer de commencements, une première descente vers le monde, une promesse d'amitiés multiples, une offre de soi. Ce n'est qu'en se perdant qu'on la retrouve car on ne possède que ce qu'on aime, on ne possède que ce qu'on donne.

Il ne sert à rien à rien de se confondre en revendications interminables, il ne sert à rien de démissionner: refusons cependant le mal des continents par la mise en place et l'application des mouvements croisés d'intériorisation et de don.

A quoi se doit l'humanité d'aujourd'hui et celle de demain, si ce n'est de revenir à cette structure quelque peu ambivalente, d'améliorer sans cesse le retour de la personne sur elle-même et la rendre pure de toute compromission avec les péchés de propriété, de la canaliser en même temps vers cette grande Pâque du don, la résurrection de l'universalité au cœur des hommes qui est, à travers les formes les plus élémentaires, l'évangile de notre temps.

Ce serait illusion que de l'attendre de la spontanéité des mœurs: l'esprit ronge comme une maladie les entreprises qu'il n'anime pas comme un principe.

Il y a eu à un certain moment de la pensée humaine le souci de revenir au mouvement intérieur de l'homme concret. Mais aussitôt que l'intention se fait connaitre, défaillance des perspectives s'en suit! On se sent lié par le sentiment imprécis qu'il y a quelque chose qu'il nous faut chercher; On sait aussi que non seulement le corps de l'homme est devenu trop grand pour son âme, comme l'a dénoncé Bergson, mais qu'au lieu de reproduire dans des formes nouvelles une intention plus parfaite de l'esprit, celui-ci a poussé comme un cancer, qu'à mi-parcours de *l'homme intérieur* et de *l'homme social*, on nous a façonné à chacun une âme artificielle et perdue.

L'homme artificiel, ce produit de l'individualisme apparaît comme un support vide, d'une liberté sans orientation. Il est le citoyen sans pouvoir qui élit à côté des pouvoirs les hommes qui vendront le pouvoir. Cet homme, c'est l'individu économique du capitalisme. Il incarne une classe, c'est-à-dire d'un ensemble d'habitudes, de convenances et d'expressions soudées par l'ignorance et le mépris.

Au milieu, c'est l'homme concret, l'homme qui se donne. Et comme il n'est de générosité qu'en l'esprit par le chemin du monde et des hommes, l'homme concret, c'est l'homme contemplatif et travailleur.

Il vise d'abord la vérité du monde car, maîtriser la matière et se construire un confort, ce n'est pas là ce qui le fait premièrement. L'homme a vocation à travailler et par ce travail se spiritualiser. C'est pourquoi, s'il comporte toujours quelque souci en raison de sa lutte avec des résistances, alourdie par un monde mal fait, ce travail doit être une activité libre et joyeuse, parce qu'elle étend dans le monde la fécondation de l'esprit.

Ainsi, la compréhension profonde de soi jusqu'aux principes qui font les hommes, chacun le conduit sur les deux chemins de la contemplation et du travail.

Mais parce que les hommes sont des hommes, malgré l'adversité, ils se frayent toujours un chemin dans l'histoire. Cette histoire qui, à travers les paysages est aimées ou rejetées.

La peur de nos différences d'individus, principe même de nos solitudes, traduit la peur des exigences de notre humanité, principe même de notre inquiétude.

L'homme doit toujours dépasser la nuit obscure pour atteindre de nouvelles profondeurs. Il ne sert à rien de nous étourdir aux différentes faces de notre âme, ou de vouloir nous défaire de cette grisaille du monde par la recherche du rare.

Rien n'échappe à la lente dégradation, et de l'avarice de nos sensations nous n'obtiendrons de relief que par le baroque et le contourné. Mais changeons le sens de nos rapports avec l'univers, jetons nos richesses décolorées à la lumière qui n'illumine que dans un sens, celui où elles se donnent. L'indifférence est le chemin le plus ordinaire de la dureté: c'est en sortant de nous que nous échapperons aux indifférences.

La vie en communauté, à condition qu'elle s'enracine profondément, n'est pas cet enfermement de l'âme qu'on veut bien nous décrire. On ne possède que ce que l'on donne.

Cette vérité de notre nature, nous avons pu en faire une métaphysique de la personne; elle est en même temps la métaphysique non contradictoire du collectivisme auquel aspire notre temps, que nous devons aider et rectifier de toutes nos forces en lui indiquant sa direction humaine: elle signifie alors que l'amour diversifie ce qu'il unit et que par lui seul le monde prend quelque couleur.

L'amour, même s'il se veut rassurant tout simplement parce que l'on ne perçoit pas au premier coup les exigences auxquelles il appelle, nécessite pourtant un apprentissage parce que nous mourrons à nous-même et parce que le monde nous y oblige violemment, et plus encore parce que l'amour est une loi éternelle et qu'il est déjà trop longtemps de l'avoir systématiquement diminuée pendant des siècles.

Vivre en humains demande d'apprendre le sentiment de l'étranger. Non pas contre tout attachement car un milieu aimé provoque chez l'homme l'unité des affections par un ton qu'il donne à sa vie intérieure. Ainsi, il satisfait jusque dans sa solitude un besoin de présence et de communion.

Vivre la communion avec les hommes, nous demande un esprit de renonciation, l'apprentissage et l'établissement d'une échelle de valeur, un détournement de la paresseuse ignorance, une sortie de notre demeure, de notre maison, notre fauteuil.

Dans notre monde durci par l'argent, la personne doit revenir à cette pauvreté de l'esprit qui la ramènera à l'universel, tout comme la pauvreté des biens qui, quelquefois encore apprend aux hommes le sens de l'amour.

Fuyons avec horreur la quête corrompue de toutes les raretés, celles qui alourdissent le portrait de l'homme tout comme celles qui nous tétanisent dans le caractère des différences régionales ou nationales. Sachons apprécier le luxe qui naît de l'ensemble, et non pas celui qui s'installe sur les détails. Dépossédons-nous de toutes ces richesses que l'on accroche comme une enseigne ou un bijou voyant. Revenons à l'activité réflexive, celle qui nous fait sortir de nous-même car elle est un des meilleurs chemins vers le règne de l'amour.

Tous ces moyens évoqués, le sont pour permettre à la personne d'arriver à créer une habitude nouvelle, l'habitude de voir tous les problèmes humains du point de vue du bien de la communauté humaine, et non pas des caprices de l'individu. La communauté n'est pas tout, mais une personne humaine qui serait isolée n'est rien.

Le salut vient d'en haut dit-on. Et ouvrir l'homme à la présence de l'esprit au-delà de lui-même, c'est un moyen plus pur que les morales pour le sortir de lui-même. Pour se faire, il faudra réapprendre aux hommes le chemin par degrés, comme une espérance qui progresse.

La personne n'est pas présente à elle-même si elle ne se donne pas au monde : voilà le drame de notre monde. Or, on ne possède que ce qu'on donne ou plutôt on ne possède que ce à quoi l'on se donne car, c'est en se donnant qu'on se possède.

L'homme ne commence à être une personne qu'à partir du moment où se révèle à ses yeux la pression intérieure, puis le visage d'un principe d'unité, où il commence à se posséder et à agir comme *« je »*.

On ne s'accomplit comme personne que si l'on se donne aux valeurs qui nous tirent vers le haut, en découvrant chacun des autres comme une personne qui se doit d'être traiter comme telle. Il faut donc redécouvrir encore et toujours, cet esprit qui pense chacune des personnes particulières et s'occupe premièrement de les élever au-dessus d'elles-mêmes, vers les valeurs singulières de leur vocation propre, et qui fait comprendre que toute l'histoire de la communion humaine est un jeu de l'amour.

III. DE LA COMMUNION BRISEE A LA JOIE D'ETRE PARDONNE

L'actualité de la parabole du fils prodigue (Lc 15, 11-32)

Dans les enseignements de Jésus, la parabole fait partie d'un genre littéraire déjà bien connu. Le terme vient du grec *parabolè*, qui lui-même est issu du verbe *para-ballein* qui veut dire littéralement « *jeter auprès de* », ce qui a donné le verbe « *comparer* ». La parabole est donc un rapprochement, une comparaison. La parabole, à la différence de l'allégorie (où chaque élément vaut pour en désigner un autre), ne s'interprète pas point par point, mais par un trait marquant qui fait sa pointe.[17] D'une certaine manière, si dans l'allégorie les termes sont à comprendre au sens propre, dans la parabole, ils sont à entendre au sens figuré.

Socrate s'en sert déjà dans l'Antiquité classique pour questionner ou persuader son auditoire à partir d'exemples concrets. Comme le souligne Aristote : « *La parabole est cette manière dont Socrate se servait ordinairement. Si quelqu'un voulait montrer qu'"on ne doit pas tirer les magistrats au sort", il dirait : "c'est comme si on choisissait les athlètes par le sort, non pas ceux qui ont les aptitudes physiques pour concourir, mais ceux qu'aurait favorisé la chance.* »[18] La parabole pose donc une situation générale, comparable dans son ensemble à une autre situation générale, comme le laisse entendre l'expression « c'est comme ».

Dans l'Ancien Testament, le *mashal,* l'équivalent hébreu de la parabole grecque, peut renvoyer dans la Bible à des genres littéraires encore peu définis et plus divers suivant les livres où il se rencontre. Sa racine hébraïque signifie "être semblable" ou "comparer" et l'idée fondamentale est bien celle de comparaison. Très présent dans les livres prophétiques et dans la littérature de sagesse, le *mashal* désigne donc plusieurs formes, de la comparaison développée, au récit, mais toujours appuyées sur la comparaison. L'exemple le plus proche de la forme de la parabole évangélique est celui de l'histoire que le prophète Nathan raconte à David (II Sam 12,1-5) pour lui faire reconnaître qu'il a agi en faisant tuer Urie le Hittite, le mari de Bethsabée, comme le riche qui a tué l'agnelle du pauvre. Le déplacement opéré sur la scène du récit a permis à David de juger l'attitude d'un personnage fictif avant que Nathan ne l'oblige à y reconnaître son propre comportement : « *Cet homme c'est toi* ».

---

[17] "*Les paraboles sont faites pour être interprétées. Elles ne se confondent pas cependant avec l'allégorie, puisque c'est l'histoire globale qui sert de comparaison, sans que tous les détails soient nécessairement signifiants, comme le veut cette dernière. En outre leur sens n'est ni immédiat, ni univoque*." A.M.Pelletier, *Lectures bibliques*, Cerf, 1998, p.273.

[18] Aristote, *Rhétorique* II, 20, 1393 a.

Jésus n'est pas l'inventeur de la parabole comme genre littéraire même si la parabole est un trait qui singularise son enseignement. Toutes les fois où il enseigne en paraboles, il marque son affiliation à la tradition rabbinique qui est celle de son temps. Et toutes les formules introductives qu'il emploie: « *A quoi allons-nous comparer (...)?* » font écho à celles des *meshalim* rabbiniques.

Il puise également aux mêmes thèmes familiers empruntés à la vie quotidienne et rurale : un pasteur et son troupeau, un homme qui part en voyage, embauche des journaliers, un festin, des noces. On retombe toujours sur le motif du retour qui caractérise la conversion. Comme dans la parabole d'un roi qui dépêche auprès de son fils dévoyé son pédagogue afin qu'il le ramène (*Deutéronome Rabba II, 24)*, ou encore celle d'un fils de roi séparé de son père qui n'a pas la force de revenir et auquel le père envoie dire qu'il fera lui-même le reste du chemin dans le *Pesiqta Rabbati 44)*[19].

1. La communion brisée : le départ du fils

L'image du fils prodigue tient une place aussi singulière que caractérielle dans notre société. Singulière, car elle n'est présente que chez de Luc. Caractérielle, car elle a donné lieu cependant à un ensemble de production littéraire et des représentations iconographiques.

La figure du fils prodigue, loin d'être obsolète, parle encore aujourd'hui à notre imaginaire et de nombreuses représentations (œuvres musicales, chorégraphiques et même cinématographiques) témoignent de son actualité.

Il est important avant tout de souligner le contexte qui provoque la parabole : Jésus s'adresse aux pharisiens et aux scribes qui lui s'indignent de le voir à table avec des pécheurs (Lc 15,1-2).

Et cette parabole veut inviter ces pharisiens et ces scribes à plus de bienveillance et d'amour envers ces derniers. Dans un contexte plus large, la parabole du fils prodigue rentre dans un ensemble qui constitue une réflexion sur l'argent.

Les personnages de cette parabole mettent en scène un homme, le « père », un fils cadet et un fils aîné. La rivalité entre les frères qui est soulignée dans la deuxième partie du récit vient comme un rappel de récits antérieurs célèbres du corpus biblique, notamment dans le livre de la Genèse : Caïn et Abel (Gn 4), Isaac et Ismaël (Gn 21), Jacob et Esaü (Gn 27-28), Joseph et ses frères (Gn 37-50)... Tous ces récits ont ceci de particulier qu'à la fin, le

---

[19] cf. D. de la Maisonneuve, *Paraboles rabbiniques*, Supplément aux Cahiers Évangile n°50, Cerf, 1984.

cadet l'emporte sur l'aîné ou sur l'ensemble de ses frères. Le fils cadet va briser la communion en choisissant de partir. Il quitte la maison de son père pour une lointaine destination. Il « se met au service », le texte grec dit qu'il « s'attache », « se joint », « se colle », (d'où le verbe « s'unir », terme employé pour désigner l'union charnelle) à un « citoyen » (*politês*), c'est-à-dire à un étranger. Or les relations suivies avec un étranger, ou même un contact étaient alors condamnées du point de vue juif (cf. Actes 10, 28).

Enfin, il se trouve obligé de garder les porcs, animaux impurs allant jusqu'à partager leur nourriture. Le fils prodigue brise alors tout ce qui faisait son origine.

Avant son départ, il exige sa part d'héritage, « la part qui lui revient », littéralement en grec *ousia*, qui désigne « le bien, la fortune ». Alors que pour qualifier ce que donne le père, le texte grec utilise le terme *bios*, qui désigne « la vie », on pense alors à ce qui permet de vivre, aux moyens de vivre, les ressources.

A travers cette parabole, on perçoit bien le jeu de l'opposition entre la vie et la mort. Le retour à la vie du fils cadet est l'un des thèmes majeurs qui de la parabole. Son départ l'ouvre à une vie de débauche. Et le texte dit en fait *zôn asôtôs,* qui signifie « vivant sans salut », d'où alors une vie de désordre, mais le sens premier est celui d'une vie perdue.

Enfin, la parabole du fils prodigue (Lc 15, 11-32) suit dans le corpus lucanien celles de la brebis retrouvée (Lc 15, 3-7) et de la pièce retrouvée (Lc 15, 8-10). Ainsi regroupées au chapitre 15 de cet évangile, les trois paraboles mettent en scène l'opposition perdu - retrouvé ou plus exactement perdu-sauvé dans celle du fils prodigue.

La joie divine est ce qui apparaît en point d'orgue. Et le conteur met l'accent non sur le fait que Dieu est capable de se mettre en quatre. Dans les différentes histoires, la joie enflamme les corps tendus par l'effort, elle se répand et se diffuse.

Jésus poursuit la parabole et le héros est cette fois-ci le fils aîné qui exprime sa colère et son refus de rejoindre la maison, lieu des festivités. Le père sort le chercher. Son intervention sera-t-elle suffisante au dénouement ? A ce niveau, le silence de Jésus met ses auditeurs dans l'embarras. D'un côté, ces derniers se sont identifiés aux héros positifs de la triple intrigue précédente, dont le père ; de l'autre ils ont à décider de la réaction du nouveau héros, ce fils récalcitrant qui pourrait bien être leur double (excessif, à cause de sa colère qui va au-delà de leurs «murmures», cf. v.2 et 28).

D'intrigue en intrigue, Jésus a conduit les pharisiens devant l'aîné. S'ils le font rentrer dans la fête, alors eux-mêmes rentrent dans le système de valeurs adopté par le père. Et ils renoncent à un monde où tout se mesure et se paye, échecs et réussites, monde de l'aîné, mais aussi du cadet. L'un et l'autre disent « donne » (v. 12 et 29), l'un se voit comme ouvrier, l'autre comme serviteur (v.19 et 29) pourtant ils sont frères plus qu'ils ne le croient ! Fraternité rompue, filiation défaillante se dévoilent comme telles.

Grâce à cette mise en scène parlante, les pharisiens sont confrontés à eux-mêmes. Que vont- ils faire ? Ils interviennent de loin en loin, ricaneurs, interrogateurs, scandalisés ici ou là (Lc 16,24 ; 17,20 ; 19,39) mais hors-jeu et absents de la Passion.

Une seule fois, leurs murmures ressurgissent car Jésus a choisi de loger chez Zachée, installant résolument la parabole dans la réalité : « *Le Fils de l'Homme est venu chercher et sauver ce qui était perdu* » (Lc 19,1-10). Au prix même de sa vie : « *Il faut que le Fils de l'Homme soit livré...* » (Lc 24,7), livré par ceux-là qu'il sauve, les pécheurs. Du coup la réalité rejoint la fiction : à l'image du berger, de la ménagère et du père, Jésus engage tout son être, et signe de son corps sa compassion envers ceux qui le crucifient.

La parabole laisse en suspens trois manières de voir les choses. La première est celle du serviteur qui informe le fils aîné en train de travailler dans les champs. Neutre et très peu engagée, elle reste peu profonde. La deuxième, celle du fils aîné, témoigne d'un amour propre blessé, mais permet par la suite de situer de façon nouvelle le mérite comme un fruit de l'alliance : « *Tout ce qui est à moi est à toi* » (v.31). La troisième est celle du père, qui laisse transparaître une insigne faiblesse car il n'y a pas d'autre raison à la joie que la vie de l'autre.

Jésus, en racontant cette parabole, laisse toutes ces trois manières de voir les choses en balance. En ce qui le concerne, son choix est fait qui le mène à la Croix. Devant le mystère Jésus, quelle réaction faut-il avoir ? L'évangile semble laisser indifférent. Mais il touche aussi là où ça fait mal, provoquant l'appel à l'aide ou le rejet. Il invite enfin à opter joyeusement pour le don total. Peut-être naviguons-nous toute notre vie entre ces trois champs de lecture. Luc raconte que le premier à rentrer au Paradis des justes est un malfaiteur (Lc 23,43). Une sorte de fils perdu. Crucifié aux côtés de Jésus.

2. La joie d'être pardonné

Le pardon ? Jusqu'où l'homme est-il capable de pardonner ? Y-a-t-il une limite infranchissable dans la distinction du pardonnable et de l'impardonnable ? Si oui, a-t-elle une portée universelle ? En d'autres termes, le pardon est-il perçu de la même façon indépendamment du milieu culturel et historique ? Est-il à proprement parler une vertu, à savoir une action volontaire dont le ressort est totalement désintéressé ?

Une lecture des évènements de notre temps peut nous pousser à nous poser la question de savoir s'il est réellement possible de pardonner des horreurs comme celles des attaques terroristes en Afrique ou au Moyen-Orient, des guerres de puissances, des pillages et asservissements des peuples, des génocides… Est-il possible de pardonner une telle haine de la différence?

Tout d'abord, il importe de donner les trois caractéristiques du vrai pardon : il s'agit d'un événement qui a lieu à une date précise ; c'est un don gracieux de l'offensé à l'offenseur, et un rapport personnel avec l'autre. Il est important de distinguer le pardon de l'excuse. Luc-Thomas Somme pense le pardon comme ce lieu où l'amour et la justice se rencontrent.

L'excuse diffère du pardon, en ceci qu'à l'excusable l'excuse seule suffit, c'est donc l'inexcusable qui est pardonnable, précisément en tant qu'inexcusable.

Comprendre le coupable ne peut pas être seulement une affaire d'intellection mais cela nécessite aussi un engagement affectif : non qu'il faille bénir le coupable, mais l'absoudre, et le convertir à la charité. L'amour, à force d'aimer, finit par comprendre, et la compréhension nous prépare quelque fois à aimer et pardonner. Autrement dit, et pour penser comme Jankélévitch, l'amour nous porte à la compréhension profonde de l'autre, préparant ainsi la place au pardon en sorte que, dès lors que la compréhension est aimante, le rapport entre compréhension et pardon devient mutuel.

Au sens chrétien, la joie de Dieu va vers le pécheur pardonné. Il se réjouit du retour du pécheur. Et la source de cette joie de Dieu se trouve dans ce premier mouvement de conversion du fils perdu. C'est ce repentir qui lui permet d'exercer sa miséricorde.

Quand Jésus pardonne les pécheurs, il montre ainsi combien Dieu est bon envers tout homme. A Jésus, on a reproché le fait d'aller manger chez des pécheurs. Mais qui n'est pas pécheur ? Nous le sommes tous, c'est la raison de la venue de Jésus jusqu'à nous. S'il a voulu nous sortir de notre péché, c'est bien pour nous pardonner. Tous les Hommes sont au quotidien dans la situation de l'un des deux fils de la parabole.

En quoi est-ce que le fils cadet qui réclame sa part d'héritage à son père et s'en va a- t-il péché? C'est qu'un héritage, ça ne se demande pas, ça se reçoit, généralement à la mort des parents. Ce fils, en demandant sa part d'héritage, laisse croire qu'il n'a plus besoin de son père. Et en s'en allant, il coupe les ponts, brise la communion : c'est cela le péché, il rompt la relation d'amour, devenant ainsi malheureux. Il a dilapidé tout son argent sans avoir rien réalisé de raisonnable, s'enfonçant dans le dénuement et la famine. Se souvenant de son père, il va retourner vers lui, lui demander pardon, mais il a conscience de n'être pas digne d'être appelé son fils.

Le père quant à lui, n'a pas coupé la relation. Depuis le départ de son fils qui a duré longtemps, il a n'a pas cessé d'attendre son retour. Il était triste et inquiet mais son amour n'était pas mort. Et au retour de son fils, il l'a embrassé, ne sachant pas contenir sa joie. Il lui a montré tout son amour, il lui a redonné de beaux vêtements, signes d'une dignité retrouvée.

C'est ainsi que le Père du ciel est avec nous. Il nous laisse libre, parfois nous faisons un bon usage de notre liberté, mais parfois nous nous égarons. Notre Père est toujours là pour nous ouvrir les bras, pour nous montrer son amour, pour nous rendre notre dignité.

Alors on peut comprendre la réaction du fils aîné. Lui n'a pas fait de bêtise et pourtant on ne fait pas de fête pour lui. Mais ce fils ne raisonne qu'avec sa tête et pas avec son cœur. Son cœur devrait se réjouir que son jeune frère soit revenu alors qu'il avait disparu. Il est jaloux et cela ne le rend pas heureux. Lui aussi est un pécheur parce qu'il voudrait couper la relation avec son jeune frère. Il a lui aussi sa misère, celle de manquer de cœur.

Le père aime autant ses deux fils et il souffre de la distance qu'il y a entre eux deux. Alors cette parabole, elle nous parle de notre relation avec Dieu et aussi avec les autres qui sont tous des frères. Dieu nous aime comme un Père et il nous veut libres. Faire des expériences, avoir son indépendance, c'est important, mais il ne faut pas couper les ponts. Il est vital d'entretenir notre relation au Père, par la prière, en particulier, et aux autres par un comportement fraternel qui ne juge pas.

Saint Paul nous rappelle que nous avons la mission de représenter le Christ en tant que ses ambassadeurs, nous qui sommes réconciliés avec lui. La réconciliation vécue, le pardon reçu, devraient aider l'Homme à se pardonner lui-même et à pardonner aux autres. Être représentants du Christ est une belle responsabilité, et cela va au-delà des frontières géographiques, ethniques, sociales et religieuses. L'Homme ne se montre digne de cette charge que lorsqu'il devient capable de communiquer sa joie de pécheur pardonné.

IV. DANS CHAQUE HOMME, MON PROCHAIN :

Une école d'amour infini

Le « prochain » au temps du Christ pouvait désigner un frère, un ami, ou même un concitoyen, mais jamais un étranger ni même un ennemi.

Jésus opère une révolution en se refusant à la casuistique de son temps qui voulait que le prochain soit reconnu à l'appartenance au même cercle religieux.

Cette révolution vient comme une invitation à un changement radical. Il ne s'agira plus de se réclamer de sa caste, de son cercle, de son réseau il s'agit de devenir soi-même le prochain de l'autre.

Le prochain est cette porte ouverte à l'amour, car, ce n'est que dans la relation que peut se vivre l'amour, accroché alors au *TU* qui nous envisage.

En découvrant l'homme toute la beauté même de sa vocation, Jésus lui offre la liberté, sortie achevée de son règne de paix et de joie en chacun de nos cœurs.

Il ne s'agit pas d'une campagne collective en matière de salut. Le projet messianique de Jésus est de trouver à l'homme sa joie et son bonheur indépendamment des circonstances et de son environnement.

1. Le bon Samaritain : hier, aujourd'hui et demain

L'enseignement majeur que véhicule cette parabole est celui du regard du Christ ne voit que la pureté au fond de l'être. Cette parabole est connue comme une critique (non pas à tort) des hommes religieux et des hommes de loi qui se font oublieux du corps.

Le prochain, en réponse à la question du légiste qui est à l'origine de la parabole de Jésus, c'est toute personne, blessée, détruite, meurtrie, qui se trouve sur notre chemin. Il nous faut nous laisser saisir, jusqu'au profond de nous-même, et prendre le temps de la soigner, de la réconforter, de l'emmener à l'abri, et de donner, outre notre temps, des moyens afin qu'un autre, hospitalier, poursuive le soin initié jusqu'à ce que le blessé soit remis.

Il semble que cette interprétation, pour juste qu'elle soit, n'est pas suffisante. Les Pères de l'Église avaient une autre lecture. L'homme étranger, hors de Jérusalem, qui marche aux profondeurs de la terre, c'est le Christ. Et l'homme blessé, abandonné, comme les foules sans berger, c'est Adam défiguré, pas nécessairement par le péché d'ailleurs, mais par la dureté de l'existence, par le malheur, par l'épreuve. C'est toi, c'est moi, c'est nous ensemble.

Le Samaritain, cet étranger qui ne paye pas de mine, c'est le Christ, et d'ailleurs les docteurs de la loi ne se sont pas privés de le traiter comme tel : « *N'avons-nous pas raison de dire que tu es un Samaritain et que tu as un démon ?* » (Jn 8,48).

Tous, ils « *voient* », mais qu'est-ce que voir ? Les uns voient le danger que représente cet homme, danger d'impureté sans doute ; lui, le Samaritain, voit le malheur de cet homme, sa misère, et ses entrailles en sont retournées. Cette expression n'est d'ailleurs réservée qu'à Jésus et à Dieu.

Il voit cet homme dans son dépouillement, dans sa faillite, il voit le fond de son être, il voit en lui la vie qui menace de se retirer, il veut la vie pour cet homme, pour tout homme, une vie vivante.

Il refuse la condamnation. Il ne voit pas d'impureté, car le regard du Christ ne voit que la pureté au fond de l'être, que son innocence lorsqu'un homme est à terre.

À la différence du prêtre et du lévite qui ont peur d'être contaminés, le Samaritain, lui, rend pur ce qu'il touche. Il s'approche du blessé. Il vient « *près de lui* ». C'est le nom de Dieu: « *près de nous* ». C'est la promesse du Christ l'unique prochain, laissée à son Église. « *Je veux que là où je suis eux aussi soient avec moi* » (Jn 17,24).

Comme le bon berger devant sa brebis malade (Ez 34, 15-16), il bande le blessé, verse de l'huile pour adoucir sa plaie et du vin pour la désinfecter. De l'huile, en guise d'onction et du vin, comme au banquet final (Is 25,6).

Puis il porte le blessé sur sa monture, comme il porte la brebis sur ses épaules, comme il porte toute l'humanité, comme il porte finalement sa croix, et vient déposer le blessé à l'abri.

La mission de l'aubergiste à qui il confie le blessé est d'en prendre soin, de ne pas craindre de dépenser plus que ce qu'il a donné, car le trop dépensé sera rendu.

Cette mission de l'aubergiste à qui est confié le blessé, n'est-elle pas la mission même de l'Église, qui a reçu comme dépôt de prendre soin de ceux ont été touchés par la miséricorde du Christ l'unique prochain, d'annoncer cette miséricorde, de la rendre effective et d'en vivre ?

L'homme dépouillé, roué de coups, laissé pour mort, c'est le Christ. Ce sont les plus éloignés de Jérusalem, les publicains et les prostitués, qui « *voient* » au cœur de sa misère (et de la leur) la source de la miséricorde.

Ce sont eux, qui depuis les origines de la Bible, l'accompagnent, prennent soin de lui, comme ils peuvent. Ce sont eux, qui par lui, deviennent aujourd'hui les mains de la miséricorde, le corps du Christ, agissant.

Sont-ils à l'intérieur de nos églises ou hors de celles-ci ? Même s'il nous est difficile de répondre, on peut dire que de manière intuitive, ils rendent vivants ces mots d'Etty Hillesum[20] du 12 juillet 1942 : « *Je vais t'aider, mon Dieu, à ne pas t'éteindre en moi, mais je ne puis rien garantir d'avance. Une chose cependant m'apparaît de plus en plus claire : ce n'est pas toi qui peux nous aider, mais nous qui pouvons t'aider et ce faisant nous nous aidons nous-mêmes.* »

Cette parabole que nous avons revisité d'une certaine manière, nous montre que le prochain, ce n'est pas simplement notre coreligionnaire, notre compatriote, notre complice, notre frère ou sœur du même sang…, et ce n'est ni à sa couleur de peau, ni à sa race, ni à son rang social qu'on ne le reconnaît. Le prochain, en face de nous, c'est toute personne qui a besoin de notre aide, toute âme qui a été abimée, blessée et meurtrie par les lourdeurs de l'existence. Le prochain, c'est le tout autre que moi, en face de moi.

À l'exemple de ce Samaritain qui a fait preuve de bonté, de vraie humanité vis-à-vis du blessé, cet inconnu que l'amour a visité, chaque Homme indépendamment de ses penchants religieux, devrait entendre résonner en lui cet appel à cette mission de reconnaissance même de l'humanité : « *Va ! Et toi aussi, fais de même !* » (Lc 10,37)

Au-delà des différences religieuses, continentales, ethniques, géographiques, culturelles et politiques, il y a l'Homme ! Et cet Homme, uni à tout ce qui l'entoure est appelé à semer et à être vecteur de l'amour.

2. Le visage découvert

Ce thème du visage si cher à Emmanuel Levinas nous apprend encore aujourd'hui à poser les jalons de notre agir et de notre être où l'autre nous fait advenir en tant que personne libre dans la responsabilité infinie qui nous incombe.

Le visage de l'autre impose une loi adressée à chaque sujet, une loi qui ne nous vient d'aucun des signes ordinaires du commandement, qui ne nous dit pas ce que nous devons faire, qui ne fait pas signe. Mais cette loi invisible est une manière de répondre et de s'opposer à la folie tragique du monde.

Notre existence, nos pensées, sont en étroite connexion par des signes. Nous sommes reliés au monde, reliés aux choses, reliés au sacré, par des signes visibles, mais aussi par des actes qui font signe, des paroles que l'on entend ; nous sommes en lien de diverses manières.

[20] **Etty Hillesum** (1914-1943), juive hollandaise mystique de santé fragile morte au camp de concentration d'Auschwitz le 30 novembre 1943.

Tout fait trace, nous semble-t-il, et le monde que ces signes organisent devient compréhensible et connu. Tel qu'il nous paraît, tel que nous l'interprétons, ensemble ou dans la solitude, le monde est objet d'appropriation grâce et par ces signes et ces traces.

Cette trace, est la trace pourrait-on dire, d'un invisible, c'est une trace qui témoigne d'un secret, elle est trace dans le visage de l'autre de notre infinie responsabilité.

Parlons au sens de Levinas, du visage, cette « *peau à rides* »[21] qui est visible et qui est la trace d'une altérité fondamentale, incompréhensible. Au-delà du visage visible, il y a la trace de l'Infini, lieu de l'éthique.

Le visage est ce qui nous est donné de voir en premier chez l'autre: il parle à chacun de nous. Il peut même arriver qu'il nous soit difficile de regarder quelqu'un « en face », dit-on, parce qu'il y a en lui quelque chose qui nous gêne, nous est insupportable. Pensons aux condamnés à mort, dont le bourreau ne doit pas voir le visage, ou à ces tueurs qui cachent le regard de leurs victimes en leur bandant les yeux, ou plus près de nous, à ces mendiants, à qui l'on donne l'obole sans les regarder ou si peu, parce que notre geste dérisoire reste étranger devant leur détresse.

Tous ces visages sont visibles, très visibles, ce sont des visages qui se montrent, qui s'expriment, qui veulent dire quelque chose : le visage de l'autre parle. Le visage de l'autre est un *« TU »* qui croise le regard de *« JE »*..., et il parle. S'il ne parle pas à tous, le visage visible est une adresse au *« JE »*, une adresse encombrante parfois, mais une adresse dont on ne peut s'exempter.

Le visage de l'autre c'est quelque chose d'étranger qui se présente à nous, qui s'impose de l'extérieur pour nous déranger, et qui définitivement va poser sa marque, une trace invisible mais indélébile en nous. Cette trace invisible est la trace de l'éthique, qui est aussi une morale en nous ; un ordre qui ne vient pas de moi, ni d'une révélation d'en haut, ni d'une éducation historiquement repérée, cette trace de l'éthique nous est imposée par l'autre en son visage.

Le visage visible, celui d'un autre jamais atteint ne serait-il pas la marque du désir ? S'il est vrai que tout désir s'oriente vers ce qui est autre, vers ce qui n'est pas d'emblée donné, vers ce qui est absent, le visage n'est-il pas ce que l'on ne peut atteindre, alors même qu'il est présent, bien réel, inscrit dans le monde comme moi ?

Est-ce parce qu'il est ce que nous ne sommes pas, qu'il nous fait miroiter son altérité, qu'il la dévoile à peine au fur et à mesure que nous nous en approchons ?

---

[21] **Emmanuel Lévinas**, *Autrement qu'être ou au-delà de l'essence*, La Haye, 1974, p. 112.

Sans doute notre désir porté vers Autrui est un désir d'atteinte, coloré de rêve et de jalousie, tenté par ce qui de l'autre nous est inconnu mais que nous cherchons infiniment à connaître pour le *com-prendre*, à posséder pour le prendre.

Mais si nous le possédons, si nous nous l'approprions, ne serait-ce pas en réalité pour l'éliminer comme autre et le réduire à une simple forme du souci de soi.

Opposons-lui un autre désir, non pas celui de Narcisse, amoureux de lui-même dans les reflets de l'eau, mais un désir qui cherche ce que l'Autre peut inscrire en lui. C'est ce que Levinas appelle le désir d'Autrui.

Le *Moi* en quête d'une échappée de soi, une *déprise de soi*, recherche à sortir de l'identification du *Moi* avec soi-même pour trouver en l'autre ce qui n'est pas reconnaissable, identifiable, de ce qui n'est ni à soi, ni de soi.

Alain Finkielkraut le dit par une formule très juste et simple: *« à cause de l'autre, je ne peux plus exister naturellement »*[22]

Par le simple fait de la présence de l'autre, notre existence ne nous appartient plus, isolée comme une force qui va ne se préoccupant que de soi.

La quête permanente d'identité est aussi quête d'identification. Une identification qui ne peut se fonder que dans du connu, du reconnu, de l'identique. Ce qui est visé ici c'est allègement de l'être vis-à-vis de l'altérité parfois perçue comme un fardeau difficile à porter, comme un poids dont il faut se débarrasser, comme une gêne.

Cette recherche d'identité vise aussi à dévoiler l'autre, pour découvrir en lui ce qui le rend tout autre. Le connaître pour le *com-prendre*, le prendre à soi, le ramener à soi, le faire revenir au connu pour mieux l'aborder, lui, cet inconnu.

La difficile rencontre avec l'autre, souvent notée par Levinas s'illustre mieux par le modèle d'Ulysse qui revient « *plein d'usages et raisons* » chez lui.

En effet, Ulysse s'étant embarqué dans une lointaine aventure, à la recherche de ce qu'il ne trouvait pas chez lui, se retrouve à Ithaque, son point de départ. Si l'incroyable Odyssée d'Ulysse l'a ramené au *Même*, l'aventure d'Abraham, ce personnage biblique du livre de la création, l'a poussé à partir *« sans se retourner »*.

Il s'en va vers un tout autre lieu dont il n'a pas connaissance, mettant sa confiance en la parole d'un *Autre* qui lui est totalement inconnu.

---

[22] **Alain Finkielkraut**, *La sagesse de l'amour*, Folio essai, 1984, p. 142.

Sommes-nous en mesure de faire une telle expérience de l'*Autre* qui ne soit pas seulement un retour au *Même* à la manière d'Ulysse, une expérience qui ne réduit pas l'*Autre* au *Même* par le seul moyen de la reconnaissance ?

Ce qu'il nous faut chercher ne se résume pas tellement à des signes qu'il faut interpréter dans la lumière, mais plutôt des traces, dont nous pourrions entendre le murmure dans le visage de l'autre.

Les signes qui se laissent percevoir se comprennent mieux quand le visage de l'autre nous indique quelque chose que nous pouvons comprendre, quand nous entrons en communication de diverses manières possibles, quand *Je* et *Tu* sont dans l'identifiable, le compréhensible. Ce que le visage de l'autre nous révèle, son altérité fondamentale, nous donne d'en soupçonner la trace.

Autrui n'est-il pas ce prochain dont on nous parle si souvent ? La marque de son altérité nous précède dans un passé dont nous perdons la trace justement alors même que nous croyions en connaître l'histoire.

L'histoire retrace des faits datables et traçables. Et pour parler comme Levinas, c'est celle d'un « *passé immémorial* », d'un passé qui n'a pas de dates. Il y va de même pour autrui, qui est celui-là même que nous avons rencontré bien avant même de savoir qu'il était différent de nous-mêmes, étant donné qu'il nous parlait avant même de nous voir.

Autrui bouscule nos certitudes, et nous ne sommes jamais en repos, comme nous le fait remarquer Levinas. Dans la rencontre avec l'Autre, nous sommes bousculés dans notre confort que nous imaginons garanti et sécurisé par le retour au *Même*. Le visage, c'est le cri d'*Autrui* qui sort le *Moi* de sa quiétude. Le visage, c'est la marque du mouvement éthique, qui sort le *Même* pour le conduire vers l'*Autre*.

Le visage laisse une trace, une trace qui nous donne d'apercevoir l'autre par-delà sa forme et son apparence. C'est une trace semblable à une ouverture en abîme.

Considérer un visage ainsi, ne donne pas de comprendre et la personne, et son histoire, ce qu'elle va nous dire ou ce qu'elle est. Le visage est nu, il est dépouillé de sa propre image, dit Levinas comme si l'image du visage n'étant qu'un masque informatif, pouvait se dépouiller, se vider, devenir alors ce visage nu, misérable, exposé : la cible de tous les meurtres.

Le visage, c'est l'entrée de l'autre dans mon existence, mais une entrée qui ne vient pas de là où j'étais déjà, une apparition de l'absurde pourrait-on dire, une irruption qui jamais ne sera un signe, même venu d'ailleurs pour que nous puissions comprendre l'autre dans son altérité. S'il nous était donné de décrypter autrui, dans une représentation qu'il pourrait donner de lui-même, l'altérité perdrait alors sa valeur et sa raison d'être, tant il est vrai que toute connaissance appelle à un retour identificatoire à soi. La question que se pose et nous pose Levinas concerne bien ce mystère de l'altérité d'autrui, cette altérité que le visage dévoile à notre face.

La manifestation du visage énonce un commandement non perceptible, un commandement qui requiert notre réponse, car il est question de responsabilité : nous pouvons aussi détourner le regard et ne pas répondre.

Notre responsabilité n'est pas le fruit de notre bonne volonté qui, par bonté pourrait accepter ou par méchanceté la refuser, elle n'émane pas non plus d'une « *volonté bonne* » au sens de Kant dans la mesure où il ne s'agit pas de la loi morale, immanente au sujet et qui fait de lui l'être moral.

Elle ne vient pas non plus de l'indépendance de la volonté, elle ne vient pas non plus du ciel, elle est tout près, imposée par Autrui. C'est une responsabilité qui nous incombe et nous fait advenir comme *Moi* unique.

Dans la responsabilité vis-à-vis d'autrui, *JE* reste irremplaçable. Autrui place *JE* comme sujet libre, parce que cette responsabilité est celle du *JE*, qui peut y répondre ou ne pas y répondre.

Devant autrui, nous prenons toute notre place lorsque nous parvenons à répondre en disant : « *Me voici* ». Voici le Moi, par la grâce du visage de l'Autre définitivement convoqué, interpellé, responsable.

Dans *Humanisme de l'autre homme*, Levinas l'exprime ainsi : « *Le visage s'impose à moi sans que je puisse rester sourd à son appel, ni l'oublier, je veux dire sans que je puisse cesser d'être responsable de sa misère.* »[23]

Il n'est de Moi qu'interpellé par l'Autre, et interpellé, remis en cause, remis en question, acculé devant la responsabilité de devoir répondre : *Me voici*.

Cette marche du *Moi* vers *Autrui* est aussi une marche vers la libération du *Moi*. Prisonnier de lui-même, le *Moi* ne revendique sa liberté que par l'*Autre*. Aliéné à lui-même il ne peut se libérer qu'en dehors de lui-même.

La socialité, le lieu où sont avec le *Moi* les autres, c'est une sortie de soi, définitive, un appel de l'*Autre*. Si l'image d'Abraham « *partant sans se retourner* » s'impose ici, c'est que le commandement du visage est une ouverture à la transcendance. Ce que le visage commande, c'est un « *penser par l'autre* », et cela prend la forme d'une inquiétude, d'un éveil

[23] **Emmanuel Levinas**, *Humanisme de l'autre homme*, Fata Morgana, 1972, p.49.

à l'autre qui ne trouve pas son sens dans une positivité de la terre ferme. Le visage ne nous dit pas ce dont il a besoin, il ne nous donne aucun élément de connaissance ni de ses besoins, ni même de ses dires, *pour cela le langage peut tout aussi bien nous les communiquer*.

Le visage nous parle, nous questionne sans que nous puissions être sourds à son appel, il manifeste ce qui ne peut être contenu. Le visage, c'est un appel sans retour, c'est une trace inscrite en nous.

Il n'y a de relation avec le prochain que dans la proximité du visage de l'autre homme, cette proximité qui nous rend responsables, ne pouvant laisser à quiconque cette responsabilité, nous faisant définitivement otage de l'autre.

Comme dans l'art dit « abstrait », il n'est pas question de donner un visage aux choses, de leur donner une figure, une image qui soit représentative au point de la ressemblance ou de l'évocation, le visage ne ressemble pas, il parle. Il dit, il demande, il appelle une réponse, et en ce sens il mène à *Autrui*, il est d'emblée relation à l'autre.

V. PAR-DELA LA FAUTE, L'HOMME!

1. « *Là où le péché s'est multiplié, la grâce a surabondé* » (Rm 5, 20)

Faut-il par croire que pour être aimé de Dieu il nous faut donc pécher ? Bien-sûr que non ! Cette phrase de Paul aux chrétiens de Rome traduit tout simplement l'amour inconditionnel de Dieu pour l'Homme.

Nous, nous ne sommes pas totalement étrangers à cette idée selon laquelle la grâce dépend du péché. Or, pour découvrir ce qu'est le péché, il faut partir de celui qui nous le révèle : Jésus-Christ.

Dieu a manifesté son amour infini en Jésus, « *livré pour nos fautes, ressuscité pour notre justification* » (Rm 4, 25). Lorsqu'il se donne lui-même en sacrifice sur la Croix pour nous rejoindre là où nous sommes, Jésus n'apaise pas la « colère de Dieu » provoquée par le péché des hommes, mais il nous met dans la confiance absolue envers Dieu.

Il dit aussi l'amour que Dieu mérite, alors que les hommes en le crucifiant cherchent à l'éliminer de leur horizon. Ainsi, le Christ dévoile la situation de péché dans laquelle se trouve l'humanité. Tous les hommes, sans exception, sont « *enfermés dans la désobéissance* » (Rm 11, 32), c'est-à-dire sont incapables par eux-mêmes d'entrer en communion avec Dieu. Seul le Christ ressuscité nous permet de voir, à sa lumière, les ténèbres dans lesquelles nous sommes.

C'est face au seul Juste que nous découvrons notre incapacité à être en relation avec Dieu comme il le veut pour nous « *dès avant la fondation du monde* » (Ep 1, 4). En effet, le soupçon que nous jetons sur lui et le refus d'entrer dans son dessein d'amour constituent un obstacle entre lui et nous. Mais non seulement Dieu ne nous en tient pas rigueur, mais il n'accepte pas cet enfermement.

Il nous en délivre dans le Fils, lui qui ne se révolte pas contre son Père, alors que, tout Fils qu'il est, il est confronté en tant qu'homme à la mort. Le pardon nous est donné « par le sang » de Jésus (Ep 1, 7), signe par excellence du don de soi du Fils dans l'amour. Nous ne sommes pas libérés du péché parce qu'un innocent s'est acquitté de notre dette à notre place. Nous sommes libérés parce que Dieu s'implique auprès de nous au point d'assumer notre condition humaine jusque dans la mort, et la mort la plus infâmante qui soit, celle de la Croix.

Saisis par un tel amour, nous ne pouvons adopter la posture de purs bénéficiaires. La surabondance de l'amour de Dieu, sans commune mesure avec le péché, nous permet au contraire de prendre conscience, à la lumière de la résurrection, de la réalité et de l'étendue du péché (Ep 2, 7-8). Elle nous conduit à demander pardon. Le péché, en effet, n'est pas une dette que Dieu effacerait. « *L'amour de Dieu répandu dans nos cœurs par le Saint-Esprit qui nous fut donné* » (Rm 5, 5) nous transforme de l'intérieur.

« *Arrachés à la domination des ténèbres, Dieu nous a transférés dans le Royaume du Fils de son amour* » (Col 1, 13-14). Le Fils unique aime pour nous sans nous dispenser d'aimer, et même en nous donnant la possibilité d'aimer à notre tour. Par la « rédemption », nous sommes libérés de tout ce qui nous empêche d'entrer vraiment dans notre vocation de « fils adoptifs » (Ep 1, 5).

Si, à la différence du Fils, nous ne sommes pas Dieu, le Père ne nous traite pas différemment de Lui. Il nous aime du même amour dont il l'aime (Ep 1, 3-6). Un tel amour n'est pas une atteinte à la liberté ou à la dignité de l'homme. Bien au contraire, il le constitue dans son identité. Cependant, si nous sommes aimés comme des enfants par Dieu, notre vie de croyants est encore loin d'être en adéquation avec cet amour paternel.

La liberté qui nous est offerte ne consiste pas à rester dans le péché pour que la grâce surabonde, sous prétexte que nous sommes pardonnés (Rm 3, 24-26 ; Rm 6-8). La vie chrétienne n'est pas un savant dosage entre péché et grâce. Elle propose de devenir enfant de Dieu, ce qui ne va pas de soi. Nous éprouvons un combat intérieur car l'Esprit qui est en nous ne supprime pas notre liberté. Le baptême ne nous automatise pas.

Éclairés par la grâce, nous avons toujours besoin de nous approprier notre vocation de fils pour vivre comme tels. Nous éprouvons le paradoxe entre le désir du bien et le pouvoir du mal : « *Vraiment ce que je fais je ne le comprends pas : car je ne fais pas ce que je veux, mais je fais ce que je hais* » (Rm 7, 15).

Le don de la grâce n'est pas tributaire du péché, car Dieu donne gratuitement et sans condition. Sa miséricorde recouvre notre faiblesse et nous invite à accueillir avec gratitude la surabondance de son amour et de son pardon.

La grâce qui surabonde est l'expression de la confiance que Dieu a en l'homme. Et cette confiance en l'homme s'exprime avant tout dans la relation. Elle suppose une part de bienveillance sans laquelle toute relation à l'autre est vouée à l'échec. L'homme n'existe et ne se révèle pleinement que dans la confiance qui lui est faite et qu'il fait à l'autre.

La confiance en l'homme est une condition essentielle qui ouvre la voie de l'humanisation. Avoir foi en l'homme, c'est croire que l'homme est un océan de possibilités, un fleuve d'initiatives, une source qui veut jaillir, un univers qui est le bien commun de tous les hommes. Quand vraiment nous pourrons dire du fond du cœur « *Je crois en l'homme* » c'est alors que nous pourrons dire en vérité « *Je crois en Dieu* », puisque sans l'amour du prochain, l'amour authentique de Dieu est impossible.

2. « ***Car tu comptes beaucoup à mes yeux, tu as du prix et je t'aime.*** » (Is 43,4)

En ces temps qui sont les nôtres, marqués par de nombreuses divisions, où la peur de l'autre, de l'étranger, s'installe subrepticement, l'Homme est appelé à témoigner d'une humanité authentique d'unité et de rassemblement.

A travers la personne du Christ, toute l'humanité est appelée à rejoindre la Cité sainte, à reconnaître la gloire du Fils de Dieu. Souvenons-nous de cet appel adressé aux hommes « *de toute tribu, langue, peuple et nation* ».

Le tout autre que moi, qui suscite méfiance même sans raison, et qui fait peur, nous devons l'accueillir, nous faisant pour lui le visage, les mains et le regard de l'Amour. A-t-on aujourd'hui encore le droit de se dire disciple de l'Amour si nos vies sont toutes marquées par le refus déshumanisant de la présence de l'autre, cet autre que justement, l'Amour appelle à l'existence?

Comment parler d'humanisme et de liberté, à quoi bon tenir de grands discours vides de toutes concrétudes alors que le rejet systématique de l'autre se fait présent sous prétexte qu'il n'a pas la même couleur de peau que nous ou qu'il ne partage pas notre foi, ou qu'il n'est pas issu de notre clan, de notre société, de notre pays ou continent?

La tâche est immensément lourde certes, et il est même légitime que nous éprouvions quelquefois de la peur. Mais nous ne nous accomplirons réellement comme personnes humaines que si nous devenons capables d'accueillir et de reconnaitre en tout homme cette humanité inviolable et inaliénable, car l'amour vrai dépasse toutes les frontières transformant ainsi nos peurs en pures motivations.

Nous sommes la partie la plus sensible du Corps de Dieu, donc de l'humanité tout entière et c'est pour cette raison que nous appelés à ne jamais désespérer Son amour pour nous, peu importe notre misère, nos fautes, nos épreuves.

S'Il nous invite à aimer notre prochain comme nous-mêmes et à lui faire tout le bien que nous voudrions pour nous-mêmes, Dieu ne peut pas faire le contraire de ce qu'il nous demande de faire nous-mêmes pour les autres, c'est tout simplement parce qu'il nous aime véritablement, autant qu'il s'aime lui-même, d'une manière infinie, sans limites, sans retour, sans changements et sans conditions.

Ainsi, il nous appartient, selon notre foi, notre confiance, notre certitude en cet amour totalement gratuit, fait de compassion, de miséricorde infinie de Dieu pour nous, de rendre l'humanité plus humaine.

Si par une volonté d'amour Dieu nous a appelés à l'existence, c'est pour nous rendre participants à sa propre vie : tel est la raison fondamentale de la création et le but premier de notre existence.

Croire en cet amour incompréhensible, cette « folie » au sens de Paul dans les Ecritures, est le point de départ même de l'action qui nous porte à reconnaitre en l'autre son droit à l'existence ainsi que la vérité de sa liberté et l'originalité de son être.

Se nous croyons et sommes convaincus de la vérité de cet amour, il nous sera plus que naturel de comprendre que chaque vie humaine, chaque personne indépendamment de sa race, de sa langue, de son peuple, de sa nation, a un prix d'une valeur inestimable. Et cette vérité devrait nous porter à faire tout ce que nous pourrons pour répondre à cet amour sans jamais nous décourager.

Cet amour dont nous sommes aimés (que nous en soyons conscients ou pas), amour insensé de Dieu envers nous, amour qui n'a pas de fin malgré nos faiblesses, nous aide à faire la vérité sur nous-même et ne pas nous prendre pour ce que nous ne sommes pas. Il nous rappelle combien nous sommes si pauvres. Et apprendre à reconnaître notre pauvreté, c'est déjà faire œuvre de vérité.

Dieu n'a-t- il pas «*jeté les yeux sur la pauvreté de sa servante* » ? Cette pauvreté que vient relever la richesse de son amour.

Si aux yeux de Dieu, il n'y a jamais aucune vie ratée, aucune vie perdue, au nom de sa miséricorde sans fin, notre monde par contre est malade de son sentiment de suffisance et meurt à petit feu de l'orgueil et de la folie des Hommes.

C'est pourtant par le chemin de nos misères que l'Amour passe pour se révéler à nous et nous révéler à nous-même « la sublimité de notre vocation »[24]

[24] Cf. *Gaudium et spes*, n°22.

CONCLUSION

Si un jour il nous est arrivé de lire le « *Petit Prince* », nous nous sommes sans doute amusés à retenir quelques-unes des plus belles leçons que Saint-Exupéry a laissées pour la vie.

On retient que pour Saint-Exupéry les petites choses, celles qui passent souvent inaperçues sont toutes aussi importantes et nous devons redonner aux petits détails la place qu'ils méritent, parce qu'un jour, nous nous rendrons compte que ce sont eux qui font les plus grands exploits.

De la même manière que la mer est composée de gouttelettes d'eau, l'amour se forme avec de petits détails. Et chacune de nos expériences vécues font de nous des êtres uniques et irremplaçables.

S'il est vrai que l'amour a besoin de se dire et se redire sans cesse, cela ne se peut se faire que dans la mesure où chacun de nous se doit d'être honnête avec le besoin de faire les choses correctement en tout temps, parce que notre être intérieur nous parle, nous disant ainsi que nous n'avons pas besoin de spectateurs pour nous sentir grands !

Mais, de l'histoire du *Petit Prince*, retenons que la vraie beauté est à l'intérieur, car c'est la seule qui ne périt pas, la seule qui ne peut pas être saisie et qui peut être vue seulement lorsqu'on regarde à travers les yeux de l'âme. Cette beauté intérieure, c'est tout simplement l'amour, une attitude de vie.

Si notre cœur manque d'amour et se refuse cruellement à l'amour, ne perdons pas de vue qu'un cœur vide d'amour est un cœur laid. Et de cœur laid, il n'existe pas de maquillage qui puisse l'embellir.

La beauté intérieure se construit en aimant la vie et en se débarrassant des absences et des sentiments négatifs. Elle se construit en agrandissant notre monde intérieur, le rendant plus vaste à l'accueil de l'autre avec sa misère, ses faiblesses, en sortant de notre confort émotionnel et en s'ouvrant à l'inconnu, rassemblant alors des motivations pures.

Lorsque notre cœur est blessé, l'amour vrai nous oblige à la douceur, nous demandant ainsi de ne pas nous laisser endurcir pas la douleur. Cette douleur qui nous retourne contre le frère, la sœur, l'ami(e), … la personne en un mot.

Il n'y a pas de place pour l'amertume lorsque l'amour nous habite au sens plein. Blanc ou Noir, riche ou pauvre, l'Amour ne se décline pas mieux pour une catégorie que pour une autre. Le monde a besoin des cœurs propres et beaux que nous seul(e)s avons le pouvoir de créer. Parce « *qu'on ne voit bien qu'avec le cœur, l'essentiel est invisible pour les yeux…* »

L'essentiel, cet invisible à nos yeux, c'est d'aimer. Et aimer, au sens de la sainte de Lisieux, c'est « *tout donner et se donner soi-même* ».

Et peut importe sa misère et ses imperfections, l'Homme ne cesse pas d'être la merveille de Dieu, l'Amour qui le fait exister.

❖

Comme cette faute de Juda a valu au monde des croyants le Sauveur, le virus invisible de l'heure nous a valu une ré-humanisation. Heureux confinement qui nous donne de nous repenser et donne à la nature son temps de régénération !

Le rapport que l'homme entretien avec lui-même se construit dans le rapport qu'il entretien avec son semblable. L'Homme n'est pas un être solitaire, c'est en interagissant avec son entourage qu'il se développe, se construit, se définit et se positionne. Au stade de l'enfance, les êtres qui constituent l'environnement de la personne ont une grande influence sur l'élaboration de son monde symbolique. La vie authentiquement personnelle est coprésence, au sens de Gabriel Marcel, et le chemin de soi par soi passe par autrui ; c'est dans un dialogue entre deux Toi que l'homme se découvre et s'affirme en tant que personne.

Il y a eu des guerres de puissances, il y a eu la famine, il y a eu (et il y a encore) des catastrophes naturelles et humaines..., mais l'Homme est resté égal à lui-même. Il a cru au cours de l'histoire (et continue de croire) que c'est lui qui fait et défait les mondes, décidant de qui mérite d'accéder à l'humanité selon des catégories qu'il s'est inventées. Cet Homme fier de ses illusions, et noyé dans sa mesquinerie, s'est fabriqué un univers où le Monde n'existe plus. Cet Homme a passé le temps à se targuer de ses origines, de sa noblesse, de ses richesses, oubliant la réalité de sa finitude.

Cet Homme aux illusions de puissances, que rien ne semblait terroriser, fait aujourd'hui l'expérience douloureuse de la vérité même de son être : Il n'est rien !

Il a suffi d'un virus, invisible agent pathogène (et fruit de la bêtise de cet Homme) pour rappeler à ce colosse aux pieds d'argile qu'il n'est qu'un simple mortel. Et face aux conséquences on ne peut plus dramatiques de ce virus, l'Homme aura donc compris, enfermé par peur de mourir, qu'il n'y a ni Noirs, ni Blancs, ni Jaunes, ni Rouges ; ni sous-Hommes, ni puissants, ni Forts, ni Faibles. Mais il y a des partenaires dans l'être- présent, un être-ensemble qui porte grâce à l'amour sans frontières, les possibilités de l'avenir.

Être, c'est être pour autrui, indépendamment de sa couleur de peau, de son origine géographique ou ethnique. C'est être reconnu comme le pense Hegel ; autrui est ce « *grâce à quoi j'entre en communication avec moi-même* ».

C'est dans cette logique que s'inscrit également Francesco Alberoni qui pense que chacun représente aux yeux de l'autre un intermédiaire pour parvenir à la vérité parce que la vérité existe et peut être atteinte. Quand l'autre, grâce à une remarque, un jugement, un récit, nous montre quelque chose que nous n'avions jamais vu, dont nous n'imaginons même pas l'existence, c'est comme si la fenêtre par laquelle l'autre regarde et voit le monde s'ouvrait pour nous.

Il est grand temps pour l'Homme de sortir de sa période de la dépendance, qui aux yeux des psychologues est la période caractéristique de l'enfance. En effet, l'Homme ayant trafiqué son histoire et celle des autres mondes qui l'entoure, s'est fait esclave de ses imaginaires. Courant sans jamais s'arrêter, il s'est égaré dans des bruits assourdissants, au milieu de la forêt des machines. Il lui faut revenir sur ses pas afin de prendre le chemin de l'indépendance, qui caractérise au sens des psychologues, la période de maturité.

Comme ce fils prodigue qui revient sur ses pas après s'être égaré, qui revient vers son père pour rétablir la communion brisée, l'Homme d'aujourd'hui est appelé à faire ce chemin retour vers sa maison intérieure, afin de retrouvée la communion rompue avec lui-même et avec les autres. De toutes les façons, qu'il s'agisse de la dépendance ou de l'indépendance, l'une et l'autre sont vécues à partir de la relation à l'autre car, pour parler comme Emmanuel Mounier, l'expérience de la personne n'est pas une affirmation solitaire, mais une activité d'auto- création et de communication ; en réalité, la personne n'existe que vers autrui, elle ne se connaît que par autrui et elle ne se trouve qu'en autrui.

Si Sartre nous dit que l'altérité est une opposition, que la relation à l'autre se configure négativement, c'est parce que l'homme a le choix. Celui-ci peut engendrer l'échec du rapport à autrui ou expérimenter qu' « être, c'est aimer ». Aimer, dans le sens de l'échange basé sur le respect de la spécificité d'autrui, de la reconnaissance de son irréductibilité, de sa différence et d'une compréhension de son monde ; accepter que beaucoup de façons d'être- soi sont possibles et sont vécues, afin de vivre la plénitude des possibilités d'être humains.

La communication entre les êtres se configure en fonction du rapport à soi-même ; pour être en capacité d'entendre l'autre et accepter sa différence, il faut être en mesure de s'entendre soi-même, c'est-à-dire connaître sa propre spécificité et l'accepter.

Pour comprendre l'autre, il est nécessaire d'être en capacité de se comprendre soi-même. Le philosophe Gilles Lipovetsky avance que le retrait sur soi-même, au lieu de nous éloigner d'autrui, nous en rapprocherait ; ce serait par la prise en considération de soi que l'individu pourrait « *s'ouvrir aux malheurs des autres* »[25].

Heureux confinement qui vaut à l'Homme de redécouvrir sa maison intérieure et de comprendre qu'il n'est rien sans l'univers qui l'entoure, sans ses semblables qui partagent ce même univers. Confiné(e)s pour éviter le virus… ? Oui, mais aussi et surtout pour se repenser soi-même et pour mesurer la joie qu'il y a à vivre avec les autres qui qu'ils soient. Confiné(e)s pour se protéger d'un virus… ? Oui, mais aussi pour découvrir le rapport à l'étranger qui a beaucoup à m'offrir, car, quelle récompense gagne-t-on à ne saluer que ceux qui nous saluent, à n'aimer que ceux qui nous aiment ? Quelle serait la valeur du blanc peint sur du blanc, ou du noir collé sur du noir ? À quoi serviraient toutes les richesses amassées pour soi-même si un virus invisible peut tuer aussi bien le pauvre qui n'a rien, que le riche qui, comme cet homme insensé à qui la vie sera réclamée n'emportera rien avec lui ? Finalement… à quoi ont servi ces guerres de puissances, cette course folle aux armements, ces pillages et asservissements des peuples, cette mécanisation des rapports, … si c'est pour faire profil bas devant un minuscule invisible ?

Qu'il soit sorti des laboratoires ou pas, ce virus est là qui tue ! Et face à lui, l'impuissance de l'Homme aux milles médailles de guerres, la peur de tout perdre du milliardaire, l'inquiétude du commun des mortels et le pouvoir menacé du gouvernant.

L'Homme avait-il vraiment besoin d'être fait prisonnier d'un virus pour apprendre à partager avec celui qui n'a rien ? Pour apprendre à dire merci à qui lui tend la main au quotidien en engageant ainsi sa vie pour lui ? Pour apprendre à dire bonjour à son voisin depuis sa terrasse ? Pour sourire à l'inconnu(e) qui croise son regard ?

Etrange paradoxe cette vie ! Comme la proximité crée l'éloignement, comme la distance suscite le rapprochement… !

Heureux confinement pour mère nature qui, victime des folies pesantes de l'Homme, trouve en ces temps la joie de sa régénération. Elle veut renaitre de ses cendres par amour pour ce fou insouciant, l'Homme, né de ses entrailles. Mais pourquoi mère nature aime-t-elle cet Homme qui n'a cessé de lui faire du mal ? Une femme oublie-t-elle l'enfant qu'elle allaite ? N'a-t-elle pas pitié du fruit de ses entrailles ?

S'il est vrai que la crainte de Dieu marque le commencement de la sagesse, on peut constater chez l'Homme actuel que la peur de mourir marque le début d'une nouvelle humanité qui l'ouvre à l'essentiel et au sens même de l'existence.

[25] G. LIPOVETSKY, *L'ère du vide*, Essais sur l'individualisme contemporain, (1989), Folios Essais, 1998, p. 282.

Sommaire

Printed by Books on Demand GmbH, Norderstedt / Germany